Elio Madonia

Ma vie pour mon prochain

Édité et imprimé par l'association Viens et Vois
1 chemin de la Garde
69290 Grézieu la Varenne
Dépôt légal : Juin 2010

Traduit de l'anglais, titre original : "Others in My Life"

ISBN : 978-2-914978-97-2
Photo couverture : iStockphoto © JohnHortonDesign

Table des matières

“En vérité je vous le dis,
dans la mesure
où vous avez fait cela
à l’un de ces plus petits
de mes frères,
c’est à moi que vous l’avez fait”
Jésus

Dédicace

Je dédicace ce livre à ma femme Lena, mère de nos huit enfants. Sans son soutien, sa collaboration et sa compréhension, je n'aurais jamais pu accomplir toutes ces œuvres auxquelles Dieu m'avait appelé.

Lena a dû faire bien des sacrifices et s'est souvent retrouvée seule à la maison pour me permettre de consacrer tout mon temps et toute mon énergie à aider ceux qui étaient dans le besoin.

Même pendant sa longue maladie, elle est restée fidèle à ce principe et s'est dévouée à l'éducation des enfants que Dieu nous avait donnés.

C'est pour moi l'occasion de témoigner à tous mes lecteurs, et tout particulièrement à ceux qui ont connu les souffrances que ma femme a endurées, qu'en avril 1996 le Seigneur nous a fait un merveilleux cadeau en la guérissant entièrement et en lui rendant une parfaite santé.

Désormais, nous pouvons profiter pleinement des années que le Seigneur nous donne, en continuant à Le servir dans l'œuvre qu'Il a choisie pour nous et en montrant ensemble aux pauvres et à ceux qui souffrent l'amour immense que Dieu a pour eux.

Elio

Introduction

Cette biographie nous montre à la fois l'intense désir de Dieu d'honorer ceux qui L'honorent, la foi étonnante d'un disciple du Christ pourtant modeste, et le miracle prodigieux d'une société rachetée par l'amour de Dieu.

Par sa vie parsemée d'embûches, l'auteur a été forgé par la souffrance ; les difficultés financières auxquelles il a dû faire face lui ont permis de comprendre en profondeur certaines vérités spirituelles. Elio Madonia s'est entièrement dévoué à la cause des immigrants, tout en exhortant les communautés italiennes dont il était issu à s'engager aussi dans cette voie.

Son intelligence et ses compétences tant économiques que techniques, administratives, en logistique ou en théologie, ainsi que son esprit créatif et son intégrité morale, lui ont procuré une certaine réputation.

Ses entreprises audacieuses lui ont même apporté une reconnaissance internationale. Mais malgré tout cela, c'est de Dieu qu'il fait l'éloge et c'est à Lui qu'il rend toute la gloire.

L'auteur est convaincu qu'être chrétien, ce n'est pas seulement être porteur d'un puissant message de vie ; c'est aussi pratiquer la charité. Ainsi, il se consacre entièrement au soutien de ses semblables, procurant santé et espoir à un nombre toujours plus grand de familles dans le besoin.

Par son dévouement, c'est l'amour de notre merveilleux Sauveur Jésus-Christ qu'il implante dans l'âme de ceux qui le côtoient.

J'espère que par son exemple et ses exhortations, les consciences de nombreux chrétiens seront réveillées et qu'ils se sentiront encouragés à suivre fidèlement les pas du Divin Maître.

Révérend Carmine Saginario *(États-Unis)*

Préface à l'édition française

C'est un plaisir pour moi de présenter cet ouvrage édifiant au public francophone qui, j'en suis certain, sera béni par son contenu biographique et clairement biblique.

Dès mon enfance j'ai entendu parler d'Elio Madonia par le biais de mon père qui, dans les années 60, était pasteur de l'Assemblée de Dieu à Palerme.

Bien des années plus tard, j'eus la joie de rencontrer l'auteur et d'établir une relation d'amitié fraternelle qui n'a cessé de grandir jusqu'à ce jour.

En 1992, à l'époque où j'habitais en Alsace, j'organisai une tournée au Canada et aux États-Unis avec une vingtaine de jeunes européens. Elio Madonia n'a pas pu s'empêcher d'inviter dans son appartement privé tout le groupe de jeunes pour un repas copieux !

Ceux qui le connaissent savent que ce genre de geste est pour lui tout à fait naturel. Au terme de cette soirée, Elio était en larmes ; son cœur débordait de joie, la joie d'avoir pu bénir des jeunes chrétiens venus de loin.

En 1995, à l'occasion de notre voyage de noces, Elio nous a organisé un séjour d'une semaine à Sosua (République Dominicaine) où, avec mon épouse, j'ai pu découvrir sur le terrain l'œuvre missionnaire et humanitaire qu'il dirige avec enthousiasme et ardeur depuis presque 25 ans.

Toutefois, ma collaboration fraternelle avec l'auteur s'est concrétisée durant les années de notre ministère pastoral à Toronto (1996-2005).

Dès notre arrivée au Canada, fidèle à son engagement vis-à-vis du prochain, Elio nous aida dans les différents aspects pratiques liés à notre installation. Nous ne pourrons jamais oublier cet amour en action, mais en même temps discret, qui lui est propre.

Au fil des années, notre assemblée dans la région de Toronto a été bénie par ses fréquentes visites, durant lesquelles il partageait des nouvelles concernant le développement remarquable de la mission à Sosua, ainsi que des enseignements bibliques sur la générosité chrétienne, enseignements qui ont marqué sa vie familiale, son parcours professionnel ainsi que son ministère. Je peux témoigner de l'impact social et spirituel de notre frère, non seulement sur la région de Toronto, mais également au sein des assemblées italo-canadiennes et bien au-delà.

En 2003, j'ai eu le plaisir d'organiser un voyage avec un groupe d'une vingtaine de chrétiens italo-canadiens. En visitant les différents villages dans la région de Sosua, nous avons pu constater, encore une fois, les formidables progrès de cette aventure missionnaire qui ne cesse de bénir cette partie du monde.

Il est indéniable que la faveur de Dieu est manifeste dans la vie et le travail de notre cher frère Madonia, qui est un véritable cadeau de Dieu à Son église et au monde des pauvres. Par son engagement infatigable, Elio nous rappelle que nous sommes bénis pour bénir les autres et que, par une seule personne sensible à Sa voix, Dieu peut accomplir des choses extraordinaires !

Dans mes récents contacts avec l'auteur, j'ai pu remarquer que, malgré son âge avancé, son cœur continue à battre pour les gens en détresse. Rien ne peut étouffer cette passion et Dieu n'arrête pas de le surprendre en ouvrant de nouvelles portes.

Puisse cet ouvrage être un outil efficace pour inspirer et stimuler les nouvelles générations à partager l'amour de Dieu dans notre monde si brisé et nous entraîner tous à être porteurs de Sa grâce là où Il nous envoie.

Pasteur Daniel Costanza
Waterloo (Belgique), mars 2009

Dans la vie, rien n'arrive par hasard

J'ai toujours eu du mal à comprendre les différents aspects de ma vie.

D'un côté, j'ai fait face à des épreuves, à des difficultés et à des tentations ; plus d'une fois, j'ai failli perdre la vie. Quand j'ai dû quitter ma famille pour émigrer et construire mon propre avenir, j'étais très jeune ; trois de mes enfants et un de mes petits-enfants ont eu plus tard des ennuis de santé ; ma femme a été malade pendant de longues années et j'ai été au bord de la faillite à plusieurs reprises.

Mais d'un autre côté, Dieu m'a accordé d'innombrables bénédictions : j'ai reçu le soutien de plusieurs amis chers à mon cœur. J'ai été honoré à bien des niveaux par mes frères dans la foi, par la communauté italo-canadienne, comme par la communauté canadienne. J'ai prospéré de façon incroyable, tant dans le monde des affaires que dans l'œuvre que Dieu m'avait confiée. J'ai pu expérimenter l'intervention miraculeuse de Dieu dans ma vie dans bien des occasions...

Si j'écris ce bref résumé de ma vie, c'est pour louer Dieu et Lui rendre hommage pour la manière dont Il m'a guidé et fait progresser durant toutes ces années. Lorsque je songe à mon passé, je me rends compte que le Seigneur a toujours été avec moi : Il m'a réconforté et soutenu dans les temps difficiles ; Il m'a délivré des attaques de mes ennemis ; Il m'a sorti de situations problématiques, pour me guider et me rendre victorieux en toutes circonstances. Quand je repense à toutes les expériences que j'ai vécues, je ne saurais dire ce qui m'a été le plus bénéfique : les épreuves et les difficultés, ou bien les succès et les moments de joie. En fait, comme l'a écrit l'apôtre Paul : “J'ai appris à me contenter de l'état dans lequel je me trouve”. Si je méritais certainement de faire face à l'adversité et aux difficultés, je suis certain que je ne méritais ni les réussites, ni les honneurs, ni la prospérité dont j'ai bénéficié. Je me réjouis simplement à la pensée que “Toutes choses concourent au bien de ceux qui aiment Dieu”.

La leçon apprise tout au long de ces années est que, dans la vie, rien n'arrive par hasard. Même dans les moments où nous ne comprenons pas ce qui nous arrive, rappelons-nous que Dieu a un plan pour chacune de nos vies.

Dans chaque situation, Il veut nous utiliser comme Ses témoins pour montrer à tous nos contemporains l'amour qu'Il a pour chacun d'eux.

Elio Madonia

Chapitre 1 La rencontre

Une nuit de septembre 1947, un groupe d'étudiants entra dans le foyer où je logeais, à Palerme. Leur discussion était animée. Ils parlaient fort, si bien que tout le monde pouvait entendre les commentaires qu'ils faisaient des événements de la soirée.

Ils s'étaient arrêtés par hasard dans une rue du centre ville, attirés par de la musique et des chants dynamiques. Ils étaient entrés dans un drôle d'endroit : il s'agissait d'un ancien commerce transformé en salle de réunions d'une église évangélique. Environ deux cents personnes étaient là en train de chanter et de frapper des mains. Sur une estrade, un homme vêtu de noir avec un nœud papillon les dirigeait. Il était presque entièrement caché par le pupitre derrière lequel il se tenait, et l'on n'apercevait de lui que sa tête ornée d'une belle chevelure grise bouclée.

Ils racontaient que quelqu'un les avait invités à s'asseoir et que, peu de temps après, le petit "vieux bonhomme" rond avait commencé son sermon en lisant dans une Bible imposante. Il s'exprimait dans un langage qui mélangeait l'italien, l'anglais et un dialecte de la région des Abruzzes.

Ils ne se souvenaient pas de grand chose du contenu du discours, mais ils avaient longuement parlé des jolies filles qui étaient présentes dans le groupe. Apparemment, le dimanche suivant, il y aurait un service de baptêmes dans un jardin situé aux abords de la ville. De ce qu'ils avaient compris, certaines de ces jolies filles allaient se faire baptiser dans une grande citerne, probablement nues ou en maillot de bain. Et c'est ainsi que nous avons décidé de participer à cette curieuse manifestation religieuse, non pas par intérêt spirituel, mais bien pour admirer les jolies filles.

Quand nous sommes arrivés à ce fameux endroit, le dimanche suivant, des centaines de jeunes gens étaient déjà rassemblés autour d'une table placée sur une plateforme, au milieu d'un beau jardin rempli de fleurs et d'arbres fruitiers. Le prédicateur était là lui aussi, conduisant les musiciens et le groupe de croyants dans une série de beaux chants religieux qui m'ont touché dès le premier instant. Plus tard, des jeunes - hommes et femmes - ont été baptisés dans une grande citerne habituellement utilisée pour arroser le jardin. La cérémonie était vraiment émouvante ! Chaque néophyte est entré tout habillé dans la citerne remplie d'eau, a confessé sa foi dans le Christ vivant et a ensuite été immergé dans l'eau par le pasteur, qui n'était autre que le missionnaire italo-canadien qui avait conduit les chants. Ces jeunes gens ont été baptisés au nom du Père, du Fils et du Saint-Esprit. Une fois les baptêmes terminés et après s'être changé, le pasteur Antonio Di Biase (c'était son nom) a prêché pendant environ une demi-heure. J'ai été profondément percuté par le message qu'il a apporté.

Il a commencé par lire certains passages des Évangiles. Puis, avec force et conviction, il a annoncé un message de repentance, me pointant du doigt comme s'il était en train de ne parler qu'à moi : "Si un homme ne naît pas de nouveau, il ne peut entrer dans le Royaume de Dieu". Il a proclamé que "Dieu a tant aimé le monde qu'Il a donné Son fils, afin que quiconque croit en lui ne périsse pas, mais qu'il ait la vie éternelle".

Il a longuement parlé de l'amour de Dieu pour les pécheurs, de la nécessité de faire la paix avec Dieu et de confesser ses péchés pour obtenir la vie éternelle. Il a expliqué que ces jeunes gens avaient été baptisés parce qu'ils croyaient dans le Christ vivant. Après avoir confessé leurs péchés, ils avaient accepté Jésus comme leur Sauveur personnel et ils obéissaient désormais aux ordres de notre Seigneur Jésus-Christ : "Allez par tout le monde, prêchez la Bonne Nouvelle à toutes les créatures ; celui qui croira et qui sera baptisé sera sauvé. "Il a ensuite insisté sur le fait que le baptême n'était administré qu'aux adultes, parce qu'il était évident que les petits enfants ne pouvaient pas encore croire de tout leur cœur et confesser leurs péchés. Puis il a ajouté que le baptême devait se faire par immersion, parce que c'était de cette façon que Jésus avait été baptisé, de même que les apôtres et tous les premiers chrétiens. En fait, le mot baptême signifie "immersion".

Jean-Baptiste aussi baptisait dans des rivières et tous, y compris Jésus-Christ, venaient à lui pour se faire baptiser, comme nous pouvons le lire dans Marc 1/9-10 : *"En ce temps-là, Jésus vint de Nazareth en Galilée, et il fut baptisé par Jean dans le Jourdain. Au moment où il sortait de l'eau, il vit les cieux s'ouvrir, et l'Esprit descendre sur lui comme une colombe".*

Le pasteur expliqua que l'homme, à cause de sa nature pécheresse, n'avait aucun moyen d'accéder au royaume des cieux. Ce n'était que par la grâce, reçue par le moyen de la foi en Christ, qu'il lui était possible d'obtenir le pardon de ses péchés et d'hériter la vie éternelle. C'était un don de Dieu et de ce fait, nous ne le méritions pas. Il parla longuement du Seigneur Jésus-Christ qui, par amour pour les pécheurs, avait quitté les lieux célestes pour devenir un simple homme. Il était mort sur la croix, humilié, pour que chacun d'entre nous puisse obtenir le salut et la vie éternelle. Il insista sur le fait qu'il n'y avait aucun autre moyen de salut pour l'homme. Il dit à plusieurs reprises que toutes les bonnes actions accomplies par l'homme et que tous les sacrifices faits pour obtenir la vie éternelle étaient inutiles. C'était Dieu qui, à cause de Son immense amour, rachetait les pécheurs, les purifiait de leurs souillures et leur donnait la vie éternelle, gratuitement.

À chaque fois qu'il développait une idée, il l'illustrait avec un passage de la Bible. À la fin de sa prédication, il fit un appel, invitant tous ceux qui voulaient être sauvés à s'avancer pour accepter le salut que Dieu leur offrait. Il proposa aussi de prier pour ceux qui le désiraient.

Je voulais m'avancer, mais je décidai finalement d'attendre. Intérieurement, je disais au Seigneur qu'avant d'accepter le salut qu'il me proposait, je voulais d'abord m'assurer que premièrement, les choses étaient bien comme le prédicateur les avait présentées ; et que deuxièmement, les passages qu'il avait cités étaient bien extraits de la vraie Bible. Quand la réunion fut terminée, je m'approchai du pasteur Di Biase pour lui poser quelques questions. À première vue, le pasteur n'était pas allé plus loin que l'école élémentaire. Mais il était évident qu'il avait une profonde connaissance de la Bible, ce qui lui permettait de prouver chaque point qu'il avait avancé par des versets extraits des Écritures. Je fus alors conquis par la Bible et par le Christ dont elle parlait. Ce jour-là, je décidai d'accepter le cadeau offert par le Seigneur, c'est-à-dire le salut de mon âme, en Lui confessant tous mes péchés et en promettant de Le servir tous les jours de ma vie.

J'étais convaincu que la Bible que j'avais achetée était véritablement la Parole de Dieu. Pour moi, connaître Christ signifiait désormais "examiner l'Écriture personnellement", et "lire les Évangiles et les écrits des apôtres avec un cœur sincère". Mon amour pour le Seigneur augmentait un peu plus chaque jour. Ma vie changea du tout au tout, et avec elle, mes ambitions, mes désirs et mon caractère. Je passais tout mon temps libre à assister à des réunions de l'église, à discuter de choses spirituelles et à étudier la Bible.

Pour reprendre une expression utilisée par Jésus dans l'Évangile selon Jean, je me sentais vraiment "né de nouveau". Autrement dit, je sentais que ma vie tout entière était transformée. Chaque jour, ma connaissance de mon Sauveur Jésus-Christ grandissait. Je m'identifiais aux passages de la Bible et appliquais à ma vie les principes que j'y découvrais.

Je me souviens avoir lu l'histoire de ce ministre de la reine d'Éthiopie, dans les Actes des apôtres : il rentrait de Jérusalem et, pendant son voyage, il lisait le livre du prophète Ésaïe qu'il venait sans doute tout juste d'acquérir. Voici ce qu'il pouvait lire, dans Ésaïe 53/7-8 : *"Il a été maltraité, il s'est humilié et n'a pas ouvert la bouche, semblable à l'agneau qu'on mène à la boucherie, à une brebis muette devant ceux qui la tondent ; il n'a pas ouvert la bouche. Il a été emporté par la violence et le jugement ;*

dans sa génération, qui s'est soucié de ce qu'il était retranché de la terre des vivants, à cause des crimes de mon peuple, de la plaie qui les avait atteints ?" L'évangéliste Philippe, arrivé sur les lieux, lui expliqua que l'Agneau qui avait donné sa vie représentait le Christ, qui avait dû mourir pour sauver l'humanité perdue. Il ajouta que quiconque croyait en Lui et L'acceptait comme son Sauveur, de tout son cœur, pouvait se faire baptiser et être ainsi sauvé. À ce moment-là, le ministre de la reine Candace demanda à être baptisé et il fut immédiatement immergé dans une étendue d'eau qui se trouvait sur le bord de la route.

J'ai donc aussi décidé de me faire baptiser et quelques semaines plus tard, c'est ce qui fut fait en compagnie d'autres jeunes gens, dans cette même citerne initialement prévue pour l'arrosage de ce jardin, aux environs de Palerme. Quel événement ! Quelle joie ! Les arbres, les fleurs, les oiseaux... tout avait l'air si beau ! Ce qui m'émut le plus et toucha profondément mon cœur, ce fut de réaliser que mon salut était la conséquence du grand amour de Dieu pour moi, qui lui avait fait sacrifier la vie de Son Fils en échange de la mienne.

Pourrais-je un jour offrir ma vie au Seigneur en réponse à cet immense amour ?

Chapitre 2 Les débuts

Vous décrire le changement qui eut lieu dans ma vie n'est pas chose facile. J'avais 18 ans, j'étais étudiant à l'Institut Nautique de Palerme. J'aspirais à une vie pleine d'aventures, de voyages et de découvertes, et c'est la raison pour laquelle je voulais devenir capitaine de marine marchande. Ainsi, j'avais insisté auprès de mon père pour qu'il prenne en charge les frais nécessaires qui me permettraient de déménager à Palerme et de vivre dans un foyer pour étudiants, alors que j'aurais pu être facilement accepté à l'École Supérieure de Corleone, ma ville d'origine. Mon choix a été déterminé par le fait que, en étudiant à l'Institut Nautique, je pourrais vivre tout seul à Palerme et jouir d'une liberté qu'il m'aurait été impossible d'avoir si j'étais resté chez mes parents.

Du coup, pendant que mon père faisait des sacrifices pour couvrir mes frais de logement et de scolarité, de mon côté je m'amusais avec mes amis. Nous allions au cinéma, au théâtre et dans d'autres lieux de divertissement, dépensant l'argent que je volais dans la boutique de ma mère chaque fois que je rentrais à la maison pour faire le plein de provisions.

Ma mère s'apercevait très certainement des sommes d'argent qui disparaissaient de la caisse de la boutique chaque fois que je rentrais à la maison. Mais elle me couvrait parce qu'elle voulait que j'aie une vie confortable, même si cela leur faisait faire davantage de sacrifices. Mon frère Christopher était lui aussi dans une pension pour étudiants à Palerme. Il étudiait la médecine. La Seconde Guerre Mondiale venait de se terminer, et sur le plan financier la vie n'était pas facile. Malgré cela, maman et papa faisaient tout ce qu'ils pouvaient pour nous permettre de rester à l'école parce qu'ils désiraient nous offrir un avenir meilleur que le leur.

Corleone, une ville d'à peu près 15 000 habitants et située à environ 50 kilomètres de la capitale sicilienne, a survécu grâce à l'agriculture. Les moyens de transport et de communication étaient presque inexistants. Il n'y avait aucun bus pour se rendre à Palerme. Il fallait prendre un petit train qui mettait quatre heures pour atteindre sa destination. Le rationnement était de rigueur ; un système de coupons régulait l'achat des denrées alimentaires, si bien que la plupart des gens étaient obligés d'avoir affaire au marché noir pour compléter leurs quelques rares provisions.

Appauvris par de longues années de guerre, les gens se battaient pour s'en sortir. Le nombre des cambriolages allait grandissant partout. Les kidnappings, les vols et les homicides étaient fréquents. Dans une telle situation chaotique, les gens vivaient sous un règne de terreur et étaient obligés d'adhérer à l' “omertà”, la conspiration du silence. Personne n'avait confiance en la police et de ce fait, les activités criminelles étaient rarement dénoncées.

Pendant la période fasciste, les citadins ont pu profiter d'une vie relativement paisible et les plus jeunes d'entre nous avons été élevés sans connaître l'outrage du crime organisé : la mafia. Mais désormais les choses étaient redevenues comme avant, amenant beaucoup de personnes à regretter la dictature fasciste.

Mon père était propriétaire d'une exploitation agricole et était considéré comme fortuné. Quelques années avant la guerre, notre médecin de famille lui avait conseillé de se trouver un travail moins éprouvant physiquement, car sa santé ne lui permettrait plus de continuer les activités de la ferme pendant encore très longtemps. C'est ainsi que mes parents ont ouvert une épicerie qui vendait principalement des denrées alimentaires et des articles de mercerie. Ma mère travaillait à la boutique à plein temps. Mon père, quant à lui, continuait à travailler aux champs avec l'aide d'ouvriers qu'il avait engagés pour les tâches les plus difficiles. Il aidait ma mère quand il en avait le temps. Ces deux activités permirent à mes parents de pourvoir aux besoins de notre famille composée de quatre enfants : mon frère aîné Christopher, moi-même, ma petite sœur Enza et finalement, le plus jeune, Ciro.

Même pendant les années les plus difficiles de la guerre et de l'après-guerre, quand beaucoup de gens dans notre ville souffraient de la faim, notre famille réussissait à vivre à peu près confortablement.

Quand mon frère aîné eut fini l'école élémentaire, mon père l'envoya au lycée, espérant offrir au moins à son premier né une chance d'être diplômé d'université et d'avoir une carrière professionnelle réussie.

Quand ce fut mon tour, il décida de m'envoyer à l'École Technique Professionnelle, dans le domaine de l'agriculture, espérant qu'en obtenant rapidement un diplôme je reprendrais la ferme familiale. Mais après trois années d'École Technique, avec l'aide d'un professeur de mathématiques qui m'avait pris sous son aile, nous avons convaincu mon père de me laisser passer les examens d'entrée à l'École Supérieure, ce que je fis avec succès pendant l'été.

Le professeur avait réussi à convaincre mon père que j'étais un étudiant exceptionnel et que je pouvais accroître mes chances d'avoir un meilleur avenir en allant étudier au Lycée d'Études Classiques. Cependant, voyant la liberté que mon frère Christopher avait en étant à l'Université de Palerme et étant attiré par la vie citadine, je dis à mon père que j'étais intéressé par une carrière dans la marine marchande et que je voulais m'enrôler à l'Institut Nautique de Palerme pour obtenir le titre de capitaine de la marine marchande. Fermement opposé à cette idée, mon père essaya de m'en dissuader par tous les moyens. Il finit par céder et accepta de me laisser aller à l'Institut Nautique.

Suite à ma conversion à l'Évangile, mes parents ont remarqué que j'étais complètement transformé. Ils ont donc voulu en savoir plus. Je leur ai parlé de ma "nouvelle naissance", de ma foi dans un Christ vivant et de mes expériences spirituelles. Ils en furent troublés. Ils essayèrent par tous les moyens de me détourner de ce nouveau mode de pensée, pensant que j'avais perdu la tête ou que c'était encore une de mes idées farfelues. Ils rassemblèrent alors la famille et des amis, mais cela ne fit qu'augmenter leur malaise. Ils avaient en effet compris que cette nouvelle "lubie" pourrait me faire excommunier de l'Église. En fait, des rumeurs circulaient disant que non seulement moi, mais que ma famille tout entière en subirait également les conséquences. Par exemple, nous pourrions perdre des clients à la boutique, redoutant eux aussi d'être excommuniés. Je me trouvais face à un véritable dilemme, sans solution. Jusqu'ici, je m'étais fait une très mauvaise réputation auprès de mes parents et il m'était très difficile de les convaincre que je n'étais plus la même personne.

Pour la première fois de ma vie, je savais ce que je voulais. Ma foi n'était pas une lubie, je n'étais pas en train d'inventer des excuses pour dissimuler de futures mauvaises actions. Maintenant que j'avais fait une rencontre avec Christ, j'aurais fait n'importe quoi pour éviter que mes parents aient des problèmes. J'aurais voulu pouvoir changer d'avis pour éviter à ma famille de souffrir... Mais comment aurais-je pu abandonner Christ, Lui qui avait donné Sa vie pour moi ? Comment aurais-je pu effacer de mon cœur la révélation de Son Amour ? J'ai essayé de convaincre ma famille qu'il m'était impossible d'abandonner ma vocation, que le chemin que j'étais en train de suivre était le bon et que Dieu, d'une manière ou d'une autre, nous aiderait à surmonter toutes les adversités. En vain ! Cette fois-ci mon père n'était pas enclin à ignorer ce qu'il considérait n'être qu'une autre de mes "extravagances".

Chapitre 3 À un carrefour de ma vie

Une nuit, tous les membres de ma famille, quelques amis de mon père et d'autres personnes considérées dans la ville, ont débarqué soudainement chez nous. Ayant été tout spécialement invités par mon père, ils étaient venus avec l'intention de me convaincre de renoncer à ma "décision absurde". Des heures durant, et à tour de rôle, ils essayèrent de me démontrer que j'avais commis une erreur. Voici quelle était leur argumentation : "Il est impossible que 99% de la population italienne soit dans l'erreur et que seulement toi et un tout petit nombre de personnes vous soyez dans le vrai". Ils me priaient instamment d'obéir à mes parents, eux qui m'aimaient tellement et qui avaient fait tant de sacrifices pour moi. "Après tout, m'ont-ils rappelé, l'Évangile ne t'enseigne-t-il pas d'honorer ton père et ta mère ?" Ces heures me parurent terriblement longues. Comme j'aurais aimé renoncer à ma foi et rendre mes parents heureux ! Que n'aurais-je pas donné pour sécher les larmes qui coulaient sur les joues de ma mère ?! Mais les paroles de Jésus-Christ : *"Celui qui aime son père et sa mère plus que moi n'est pas digne de moi"*, faisaient sans cesse écho dans mon cœur. Non, je ne pouvais pas faire marche arrière, je devais continuer et payer le prix nécessaire. Peut-être que, plus tard, j'aurais l'occasion de prouver à mes parents tout l'amour que j'ai pour eux... Mais pour le moment, même si cela me brisait le cœur, je devais suivre le chemin du Seigneur !

Puis ce fut le tour de mon père. Il se leva, et d'un ton grave, dit : "Tu as entendu comment tout le monde ici te supplie de changer d'avis.

Maintenant c'est moi qui te le demande aussi : oublie toute cette mascarade, et fais la joie de tes parents. Rends ta mère heureuse, elle qui a tant pleuré pour toi. Alors, qu'en dis-tu ? Quelle est ta réponse ?" Je savais ce qu'il arriverait si je persistais à suivre le chemin sur lequel je m'étais récemment engagé. Mais j'étais incapable de renoncer au Seigneur, et j'ai donc répondu que je ne pouvais pas renier ma foi. Mon père, terriblement embarrassé, a alors déclaré : "Si tu refuses, tout en sachant la peine que tu nous infliges à tous, eh bien tu es libre de partir. Tu ne fais plus partie de cette famille !" Ce fut un véritable moment de déchirement ! Ma mère se jeta à mes pieds et éclata en sanglots, désespérée. Tous se sont levés, le cœur bouleversé, et mon père a quitté la pièce. Nous étions tous en pleurs.

C'est ainsi que j'ai tout quitté : mon foyer, ma ville natale, ma famille et mes amis, pour aller à Palerme.

Cette nuit-là je n'ai pas réussi à dormir. Je revoyais continuellement ma mère en train de me supplier de renoncer à ma nouvelle religion, et mon père qui n'arrivait pas à comprendre ma détermination. Je savais qu'ils étaient victimes d'un environnement dans lequel les idées nouvelles et différentes n'étaient pas les bienvenues. Ils étaient comme enfermés dans des traditions archaïques. Je suis sûr qu'ils auraient voulu me rappeler... Mais ensuite, qu'auraient-ils dit aux autres ? Toutes ces pensées envahissaient mon esprit... Mais mon insomnie était aussi la conséquence de la perspective d'un avenir incertain. Qu'allais-je faire ? Comment allais-je pourvoir au coût de mes études ? Comment allais-je payer le loyer pour le foyer étudiant ? Où allais-je trouver du travail ?

Le lendemain, j'ai décidé de rendre visite à une famille chrétienne chez qui je me rendais fréquemment, et où des réunions de prière avaient régulièrement lieu. Peut-être pourraient-ils me donner quelques bons conseils. Peut-être pourraient-ils prier pour moi. J'ai frappé à la porte du 80 rue Emerico Amari, et quelques instants plus tard, une jeune personne est venue m'ouvrir. Dès qu'elle m'a vu, toute surprise, elle a refermé la porte et est allée prévenir que j'étais là. Dans les minutes qui ont suivi, on m'a expliqué qu'un groupe de croyants avait prié pour moi, car ils avaient appris par quelle épreuve difficile j'étais en train de passer.

La maîtresse de maison, Concetta Lo Galbo, est venue à la porte, m'a invité à entrer, et m'a pris dans ses bras. Le reste du groupe a fait de même, pour me réconforter. Peu de temps après avoir entendu ce qui était arrivé, ils s'étaient rassemblés pour prier pour ce jeune homme qui était nouveau dans la foi et qui se retrouvait face à des circonstances très difficiles.

Ils m'ont demandé de tout leur raconter. Après avoir entendu tous les faits, ils ont essayé de me consoler et de m'encourager du mieux qu'ils pouvaient. Puis nous avons terminé ce temps de visite par un moment de prière, demandant au Seigneur qu'Il me protège, qu'Il pourvoie pour mon futur et qu'Il me guide. Sur la fin, Concetta a préparé du café et, en accord avec son mari, elle m'a dit : "Écoute Elio, nous sommes une famille pauvre. Notre maison est très modeste et nous avons quatre enfants. Mais tu es le bienvenu chez nous jusqu'à ce que le Seigneur t'ouvre une autre porte. Ce qui est suffisant pour six le sera aussi certainement pour sept. Reste avec nous, et tu seras comme l'un de nos enfants. Dieu pourvoira pour chacun d'entre nous !"

Je suis resté stupéfait par cette offre. Quel amour ! Quelle générosité ! À travers ce couple, aussi simple fut-il, je voyais se concrétiser les paroles que Jésus a laissées à ses disciples : *"Je vous donne un commandement nouveau : aimez-vous les uns les autres ; comme je vous ai aimés, vous aussi, aimez-vous les uns les autres. À ceci tous connaîtront que vous êtes mes disciples, si vous avez de l'amour les uns pour les autres"* (Jean 13/34-35).

J'étais comme en plein rêve, en train de revivre le temps des apôtres : l'Évangile, encore bien vivant au vingtième siècle ! Dieu fortifiait ma foi, selon les promesses de Sa Parole. Non seulement Il ne m'avait pas abandonné, mais Il pourvoyait aussi à chacun de mes besoins. Tout ce que je demandais au Seigneur, c'était qu'Il console ma famille. J'ai décidé de faire tout ce qui m'était possible pour rester en contact avec eux, pour qu'ils soient rassurés sur le fait que je n'éprouvais vis-à-vis d'eux aucune amertume. Pour moi, il était clair qu'ils étaient victimes des circonstances. Je suis resté environ deux ans chez la famille Lo Galbo. Des frères dans la foi ont pourvu à nos besoins en nous apportant de la nourriture, en m'invitant chez eux, en faisant des petits cadeaux et de bien d'autres manières encore. Ils m'ont toujours témoigné une affection fraternelle qui m'a encore plus encouragé à suivre le Seigneur.

Certains missionnaires, parmi lesquels Antonio Di Biase et Felice Lisanti, m'ont invité à les accompagner lors de missions d'évangélisation dans plusieurs villes de Sicile, ainsi que dans d'autres régions d'Italie. Partout où nous allions nous étions reçus avec amour et les frères nous témoignaient beaucoup d'affection, nous accueillant comme si nous étions des anges venus du ciel. En entendant mon témoignage, les gens étaient émus et faisaient tout pour m'encourager. J'avais l'impression d'être parmi les chrétiens des églises de Macédoine dont l'apôtre Paul avait vanté les mérites dans sa seconde lettre aux Corinthiens : "*Quoique très éprouvés par des tribulations, leur joie débordante et leur pauvreté profonde ont produit avec abondance de riches libéralités : (...)*" (2 Corinthiens 8/2).

C'était l'après-guerre et la pauvreté sévissait absolument partout. Ce sont les croyants qui semblaient le plus souffrir de la pauvreté, et pourtant, ils étaient aussi les plus généreux. Ma foi continuait à se fortifier et mon zèle pour Dieu grandissait de jour en jour. J'apprenais beaucoup par la simple prédication de l'Évangile et j'avais véritablement l'impression de vivre aux temps des Actes des apôtres. J'écrivais à la maison chaque semaine pour raconter mes expériences, même si je ne recevais pas de réponse. Je priais toujours pour ma famille, et je remerciais Dieu de m'avoir donné une autre grande famille qui m'aimait et que j'aimais tout aussi sincèrement.

De temps à autre j'avais l'opportunité de prêcher. Le Seigneur m'a effectivement accordé le privilège d'annoncer son Évangile afin d'édifier les croyants, qui étaient toujours très attentifs. Pendant plusieurs mois, j'ai dû remplacer le pasteur Di Biase à l'église de Palerme pendant son absence ; la communauté avait apparemment été contente de ce que je lui avais apporté, ce qui était de l'ordre du miracle pour moi. Je prêchais des messages très simples qui provenaient d'une foi et d'une consécration sincères.

Pendant ce temps, le pasteur Di Biase était retourné en Amérique du Nord. Il parlait de sa mission en Italie dans toutes les églises qu'il visitait. J'ai appris qu'il racontait souvent l'histoire de ma conversion, et en fait, j'ai commencé à recevoir des lettres de gens que je ne connaissais même pas. Souvent, ils joignaient des dons à leurs lettres, ce qui m'a permis de pourvoir à mes besoins les plus essentiels.

Un jour, j'ai reçu une lettre du pasteur Di Biase qui me disait que trois chrétiennes de l'église de Warren, dans l'Ohio aux États-Unis, avaient entendu mon témoignage. Suite à cela, elles avaient offert de payer tous les frais pour que je puisse déménager en Amérique du Nord. Le frère voulait savoir si j'étais intéressé par cette proposition : il s'agissait d'émigrer au Canada et de m'y installer de façon permanente.

Cette offre m'est immédiatement apparue comme étant une réponse de Dieu à mes prières, parce que je voulais vraiment trouver un travail et être indépendant. Les pasteurs Di Biase et Lisanti ont rassemblé des informations sur les lois concernant les visas d'immigration, et lorsqu'ils ont appris qu'un contrat de travail en tant qu'ouvrier dans une ferme était exigé, ils firent appel à un frère de l'Église de Toronto, Nick Cariglia. Ce frère était le propriétaire d'une petite ferme dans la banlieue de Toronto. Ils lui ont demandé s'il serait prêt à faire signer un contrat de travail d'un an à un jeune sicilien séparé de sa famille à cause de l'Évangile. Bien qu'il n'ait aucun travail à me donner, il était prêt à m'accueillir dans sa maison pour une année. Il a donc accepté.

Ces nouvelles m'ont laissé vraiment abasourdi. Qui étaient donc ces femmes qui, sans même me connaître, étaient prêtes à financer mon voyage au Canada ? Et qui était cette famille qui n'avait pas de travail pour moi et qui, malgré cela, était prête à me signer un contrat de travail d'un an et à m'accueillir, alors que je n'étais qu'un inconnu ? Je n'avais jamais vu ou entendu pareilles choses auparavant.

Certainement, c'était le Seigneur qui était derrière tout ça, et qui prenait soin de moi. C'était Dieu qui avait touché le cœur de ces fidèles. Il les avait préparés à être des instruments entre Ses mains, pour qu'ils puissent m'aider. Parfois j'avais l'impression d'être comme dans un rêve, et j'avais peur de me réveiller et de me retrouver dans la dure réalité. Mais ce n'était pas un rêve ; il s'agissait bien d'une série d'interventions miraculeuses de Dieu à mon égard ! Gloire à Dieu ! Une autre sœur dans la foi, la veuve Rosa Mercuro, avait entendu parler de moi. Depuis, elle m'écrivait régulièrement des États-Unis, et presque tous les mois, elle glissait quelques dollars dans ses lettres pour m'aider dans mes dépenses. Après que je sois arrivé à Toronto, elle est venue me rendre visite. Elle est restée en contact avec moi par écrit et a continué à m'aider de plusieurs manières, agissant envers moi comme avec un fils.

Un jour, j'ai été convoqué à l'Ambassade du Canada à Rome pour passer un examen médical afin d'obtenir le visa qui me permettrait d'émigrer au Canada. Je suis descendu dans un hôtel modeste pour la nuit, pensant y attendre tranquillement mon rendez-vous de neuf heures, le lendemain matin, à l'Ambassade. Mais au lieu de cela, cette nuit-là j'ai brutalement été réveillé par la police. On m'a dit de m'habiller et de prendre mes bagages avec moi pour aller au poste de police. Sur le coup, je ne comprenais pas ce qui se passait. Mais plus tard, on m'a expliqué la raison de mon arrestation.

Comme je l'ai expliqué précédemment, dans le passé j'ai eu mon lot de bêtises... Quelques années auparavant, j'avais réussi à convaincre mon père de me payer un séjour de quelques jours à Rome. J'avais rencontré quelques garçons du coin peu fréquentables qui gagnaient beaucoup d'argent en vendant du tabac de contrebande. Ils allaient à Savone dans le Nord de l'Italie, et là, ils achetaient du tabac sur le marché noir qu'ils revendaient ensuite à Rome en se faisant un gros bénéfice. J'avais donc décidé de me joindre à eux, et j'avais déjà effectué deux voyages "fructueux". Mais lors du troisième aller-retour, j'avais été arrêté par la police, tandis que j'étais en train de vendre le tabac sur un marché à Rome. À cette époque j'étais mineur, et à cause de cela le juge avait ordonné que je sois renvoyé à Corleone avec une interdiction de séjour à Rome. De retour dans ma ville natale, je n'avais naturellement rien dit à mes parents, et avais fini par oublier cette affaire.

Ceci nous ramène à mon arrestation du jour. La police m'avait arrêté à cause d'une des conditions de mon renvoi à Corleone sans que j'aie à purger aucune peine de prison ou toute autre sanction : je ne devais pas retourner à Rome avant une période de cinq ans sans demander l'autorisation préalable de la police. Je me suis donc à nouveau retrouvé face à un juge !

C'était une situation relativement sérieuse, car la loi prévoyait l'éventualité d'une sentence d'emprisonnement qui aurait engendré d'autres graves conséquences par la suite. Mon rêve d'aller au Canada s'évanouissait à vue d'œil, et je n'avais même pas d'argent pour payer un avocat. J'ai prié Dieu de toute ma force pour qu'Il intervienne d'une façon miraculeuse. Au tribunal, j'ai dit toute la vérité au juge. Je lui ai expliqué que je ne savais pas que j'avais besoin d'une autorisation spéciale pour revenir à Rome.

Je lui ai parlé de ma conversion et de la situation délicate dans laquelle j'étais avec ma famille. Je lui ai dit que j'étais sur le point d'émigrer, mais qu'une condamnation m'empêcherait d'obtenir le visa ou le passeport dont j'avais besoin, et que je me retrouverais dans une situation très difficile. Le juge a compris qu'une sentence trop dure aurait de lourdes conséquences, et il a alors dit que pour éviter cela, je devrais être à nouveau renvoyé à Corleone. Mais cette fois-ci, la loi exigeait que je sois escorté par deux officiers fédéraux qui me conduiraient personnellement chez mon père.

Quel périple ! Se retrouver entre deux officiers, comme un criminel. J'imaginais mon arrivée à Corleone... Je pensais au fait que c'était dans de telles circonstances que j'allais revoir mon père ! Quelle torture... Mon père est venu au poste de police sans dire un mot, et je l'ai suivi jusqu'à la maison. Une fois arrivés là-bas, je lui ai expliqué ce qui s'était passé. Je lui ai aussi dit que j'avais l'intention de retourner à Rome pour obtenir mon visa, et qu'après, si tout allait bien, je les informerais de mon départ pour le Canada. Cette fois encore, je leur ai demandé de me pardonner pour tous les problèmes que je leur avais causés dans le passé, et je suis rentré à Palerme.

Malgré tout cela, mes parents sont venus me dire au revoir à Palerme quand mon bateau a levé l'ancre. Bien des larmes ont coulé ! Maman et papa ont beaucoup pleuré en disant au revoir à ce “fils prodigue” qui leur avait causé tant de soucis. Ils savaient qu'ils ne le reverraient peut-être plus jamais. Je me souviens de papa qui me disait au revoir de la main avec un mouchoir. Il était tellement ému qu'il faillit tomber à l'eau au moment où le bateau quitta le port ! Mais un ouvrier du port l'a rattrapé à temps.

Chapitre 4 Une nouvelle vie au Canada

Quand je suis retourné à Rome pour la visite médicale, cette fois-ci avec l'autorisation de la police, j'étais sûr qu'il n'y aurait plus aucun obstacle à l'obtention de mon visa, hormis les délais administratifs habituels.

Cependant, après l'examen médical, le médecin me dit : "D'après votre passeport, je vois que vous êtes fermier ?... Selon ces documents, vous avez un poste de laboureur dans une ferme... Mais lorsque je regarde vos mains, je doute que vous n'ayez jamais travaillé dans une ferme !"

Encore une fois, je me retrouvais face à un sérieux problème. Que pouvais-je bien faire pour surmonter cet obstacle ? Silencieusement, j'ai fait monter cette prière en urgence à Dieu : "Seigneur, aide-moi ! Accomplis un autre miracle !"

J'ai alors dit la vérité au médecin : mon passé, ma conversion, l'aide provenant de gens que je ne connaissais pas au Canada et aux États-Unis, la situation de ma famille.

Je n'aurais jamais pu imaginer ce qui s'est passé ensuite. Tout d'un coup, le médecin, tout ému, a entonné un hymne chrétien que j'avais appris dans une église à Palerme :

Frère, réconforte celui qui ploie sous un lourd fardeau.

Puis il m'a dit : "Continue".

Et j'ai continué, ému jusqu'aux larmes :

Réjouis-toi s'il est heureux et chante les louanges de notre Seigneur !

À ce moment-là, le médecin a posé son bras sur mon épaule et m'a dit : "Va au Canada, et que Dieu t'accompagne, qu'Il prépare le chemin devant toi !" Ce fut un très long voyage. Il a fallu tout d'abord prendre un bateau entre Palerme et Naples. Ensuite, un train pour aller de Naples au Havre. Puis un ferry qui reliait Le Havre à Douvres. Encore un autre train entre Douvres et Liverpool, avec entre deux une halte d'une nuit à Londres. À Liverpool, nous avons embarqué sur le "Franconia", un petit bateau de guerre anglais qui avait été transformé en bateau de plaisance.

La traversée fut longue et tempétueuse. Elle dura dix jours. Nous avons finalement débarqué à Nouvelle Écosse le 16 janvier, et un dernier train me fit arriver à Montréal le 17 janvier 1950.

On était au beau milieu de l'hiver, et le long de la route on ne voyait qu'une seule chose : une interminable étendue de neige immaculée. De temps à autre, on pouvait apercevoir une ferme avec ses étables et ses abris à foin, dont les toits étaient tous recouverts de neige, et où le seul signe de vie perceptible était la fumée qui s'échappait de la cheminée. Parfois un chien aboyait furieusement au passage du train, et au loin, un fermier habillé en conséquence pour se protéger du froid nous faisait signe de la main. Personne n'ouvrait jamais les fenêtres des wagons, car l'air était tellement froid qu'il aurait gelé la voiture tout entière en un rien de temps. Les forêts devant lesquelles nous passions étaient très étranges : il n'y avait aucune feuille aux arbres, branches et troncs étaient seulement couverts de neige. Le long de la rivière St Lawrence nous avons vu des enfants qui faisaient du patin à glace sur la surface gelée, les joues rougies par le froid. J'ai enfin fini par arriver à Montréal. Antonio Di Biase et sa femme m'attendaient pour m'accueillir chaleureusement et me conduire chez eux. Je ne suis resté à Montréal que deux semaines parce que ma destination finale était Toronto.

C'était la période la plus froide de l'année à Montréal. Avec cette épaisse couche de neige qui recouvrait tout, la température avoisinait les moins 15 degrés. Décidément trop froid pour un jeune sicilien habitué à un climat complètement différent... Après avoir passé deux années à Palerme loin de ma famille, il ne me restait vraiment plus assez d'argent pour m'équiper pour un tel voyage ; j'avais juste pu acheter un costume de marin et un sac à dos au marché pour y mettre les quelques affaires que je possédais. J'ai donc voyagé ainsi jusqu'à Montréal, vêtu comme un marin américain. Ces vêtements étaient plutôt légers et de ce fait, je n'étais bien au chaud qu'à l'intérieur des maisons.

Le pasteur Di Biase m'a présenté à sa congrégation italienne, et a décrit brièvement mon passé. Il m'a donné l'opportunité de rendre mon témoignage, et plus tard, j'ai eu l'occasion de prêcher. Tous ceux qui étaient présents dans l'assistance louaient Dieu pour la façon dont Il m'avait soutenu au sein de mes difficultés. Nous avons fêté cette arrivée des jours durant ; les frères voulaient tous m'inviter chez eux. Ils m'encourageaient de mille et une manières, me racontant les expériences qu'ils avaient vécues lors de leur marche dans la foi. Nous parlions du Seigneur pendant des heures. Nous étions réconfortés car nous savions qu'Il était tout près de nous, et nous Le louions pour Son immense amour. Beaucoup de chrétiens m'ont aidé en me donnant de l'argent et des vêtements. Au moment de mon départ pour Toronto après ces deux semaines passées à Montréal, je n'avais plus l'air d'un pauvre immigrant mais d'un touriste. J'avais des vêtements qui m'avaient été donnés par un frère dans la foi nommé Valente, qui en plus m'avait confectionné un costume sur mesure. D'autres encore m'ont offert des écharpes, des sur-chaussures, des manteaux, des chapeaux, des gants, des valises et tant d'autres choses encore.

Au cours de ces deux semaines, j'ai rencontré le jeune pasteur d'une petite église à Montréal, Alberico De Vito. Il travaillait comme chauffeur de taxi pour subvenir aux besoins de sa famille. Le reste de son temps libre, il le consacrait à servir le Seigneur dans cette petite église à Ville Emard. Lui et sa femme m'ont accueilli comme un ange, et nous sommes rapidement devenus amis. Cette amitié a grandi, et elle continue encore aujourd'hui. Les souvenirs de mes deux premières semaines passées à Montréal sont toujours bien présents dans ma mémoire, et quand j'y retourne, je peux à chaque fois y apprécier la forte communion fraternelle et spirituelle que j'ai avec les croyants de là-bas. Quand ma femme et moi nous nous sommes mariés, nous avons passé notre lune de miel dans la maison du pasteur Alberico De Vito. Je prêchais les soirs de réunion, et à la fin, l'église m'a fait un généreux don d'argent qui a couvert les frais du voyage.

Quand mon train est arrivé à Toronto, le frère Felice Lisanti m'attendait à la gare. C'est chez lui que j'allais être logé pour les deux semaines à venir. À l'église, les pasteurs Ferdinando Zaffuto et Luigi Ippolito m'ont fait un accueil chaleureux, et cette fois encore, leur exemple a été suivi par tous les membres de l'église : ils m'ont accueilli très fraternellement et étaient très enthousiastes à l'idée de m'aider.

Février 1950. Au début du mois, je suis allé à Markham (dans l'Ontario) avec le frère Felice Lisanti pour visiter la famille Cariglia ; c'était cette famille qui avait signé mon contrat de travail pour que j'obtienne un visa pour le Canada.

Le froid mordait particulièrement fort, et la température était bien en dessous de zéro. La couche de neige était épaisse d'environ 20 centimètres et recouvrait tout, rendant les routes glissantes et dangereuses. Quand nous sommes arrivés à la petite ferme des Cariglia, tout semblait éteint. La campagne tout entière était enterrée sous la neige. Les animaux étaient à l'étable, et la famille se tenait abritée à l'intérieur d'une modeste maison de campagne. Un poêle à bois situé dans la cuisine diffusait la chaleur dans les pièces adjacentes par un système de larges tuyaux, et ainsi la maison était bien chauffée. Le frère Nick Cariglia et sa famille m'ont pris dans leurs bras comme si j'étais leur fils qui rentrait à la maison après un long voyage. La table fut rapidement préparée et l'on y disposa de nombreux plats de nourriture. Pendant tout le temps du repas, les Cariglia n'ont pas cessé de me poser des questions !

Ils étaient heureux d'avoir pu m'aider en signant mes papiers. Ils auraient aimé pouvoir m'offrir un travail, mais il était évident que leur petite ferme n'avait pas besoin d'une autre paire de bras. Malgré cela, ils m'invitaient à rester chez eux comme un invité jusqu'à ce que j'aie de quoi m'installer, insistant avec empressement pour que j'accepte. Mais le frère Lisanti et moi les avons convaincus qu'il me serait plus facile de trouver un travail en ville, et je suis donc retourné à Toronto.

Pendant ma première année au Canada, je n'ai pas été autorisé à avoir un permis de travail. Or, ce document m'était indispensable pour avoir un travail autre que celui qui m'avait permis d'émigrer au Canada : ouvrier de ferme. C'est pourquoi, tout au long de cette première année, j'ai dû me contenter de petits boulots. J'ai commencé par laver des assiettes la nuit dans un restaurant italien. Ensuite, j'ai lavé des voitures. J'ai continué par déblayer les avancées des maisons de personnes âgées. Plus tard, j'ai travaillé dans la construction et dans d'autres travaux difficiles et salissants. Je faisais tout mon possible pour être financièrement indépendant. Je me souviens avoir travaillé pour une compagnie de pétrole où nous devions nettoyer les réservoirs à essence des stations-service. Il s'agissait d'immenses conteneurs cylindriques, mesurant parfois plus de 30 mètres de haut. Une fois vidés, il nous fallait entrer à l'intérieur pour nettoyer les résidus qui collaient aux parois. Les vapeurs d'essence étaient insupportables, au point que nous ne pouvions pas rester plus de 15 minutes d'affilée à l'intérieur. Plus tard, j'ai travaillé pour une compagnie de produits chimiques. Je devais immerger des pièces de métal dans de grosses bassines pleines de produits chimiques, et là aussi, les vapeurs étaient tellement fortes qu'il était difficile de respirer. Si je changeais si souvent d'emploi, c'était toujours pour la même raison : au moment de toucher mon salaire (après deux semaines de travail), je devais montrer mon permis de travail et comme je n'en avais pas, le patron me renvoyait.

Pendant tous ces mois où j'ai souvent changé d'emploi, je ne me suis jamais plaint à qui que ce soit, ni à Dieu, pour les difficultés auxquelles je faisais face... Et pourtant, chaque nouvel emploi était pire que le précédent et ma paye allait toujours en diminuant. Je savais que l'adversité et la souffrance que je rencontrais fortifiaient ma foi. Je me disais souvent : "Si Christ, le Fils de Dieu, lui qui était pur et innocent, avait eu une vie pleine d'épreuves et de souffrances, pourquoi devrais-je me plaindre si j'avais à endurer ces difficultés ?"

J'avais trouvé une chambre chez une famille d'immigrants, à qui je payais un petit loyer pour la nourriture et le logement. Au cours de ces mois, j'ai rencontré la famille Mezzapelli. La mère Mezzapelli, qui était veuve, n'était autre que la sœur d'un pasteur bien connu qui s'appelait Vito Ditta, un de mes chers amis que j'avais rencontré en Sicile. Je passais une grande partie de mon temps libre avec eux, me forçant à parler anglais avec les enfants dont deux d'entre eux allaient à l'École Biblique. Nous parlions surtout de la Bible et je me sentais bien avec eux et les autres jeunes de l'église. Les familles de la communauté continuaient à m'inviter et à m'encourager dans ma foi.

À la fin de la première année, j'ai finalement reçu mon permis de travail et j'ai pu obtenir un poste d'apprenti dans une usine métallurgique. J'ai commencé à gagner plus d'argent, et mon travail était de moins en moins pénible. Mes employeurs m'appréciaient et me donnaient régulièrement des promotions.

Durant cette période, je me suis fiancé avec Lena, une des filles de la veuve Mezzapelli, et en août 1951, nous nous sommes mariés. Je me souviens que quelques années auparavant, quand j'étais encore en Sicile, je passais souvent des journées entières chez le pasteur Vito Ditta à Salemi. Et je ne sais pas trop pourquoi, peut-être parce qu'il était nettement plus âgé que moi, mais je l'appelais "oncle Vito". À ceux qui me demandaient pourquoi je l'appelais ainsi, je répondais en plaisantant que peut-être j'épouserais une de ses nièces. Qui aurait pu croire que la "prophétie" allait se réaliser ? Nous nous sommes mariés en toute simplicité et en toute modestie. Nous avons trouvé un petit appartement que nous avons meublé avec des meubles d'occasion.

J'étais heureux ! Dieu m'avait aidé à m'installer dans un nouveau pays et maintenant, avec mon épouse bien-aimée, nous nous attendions à un avenir merveilleux. Dieu était notre Père céleste et pour absolument tout, nous mettions notre confiance en Lui.

Nous étions très actifs dans l'église. Avec le soutien des pasteurs et en collaboration avec d'autres jeunes, nous avons mis en place une classe d'étude biblique en langue italienne. Le nombre d'étudiants grandissait. Alors, quand le local prêté par l'église est devenu trop petit, nous avons déménagé dans un autre lieu de culte, dans une région où il y avait beaucoup d'immigrants italiens. En peu de temps, l'école a atteint le nombre de 130 étudiants. Je visitais beaucoup d'églises italiennes de la région et j'étais souvent invité à prêcher. C'est de cette façon que, petit à petit, j'ai commencé à m'investir dans le ministère que Dieu m'a confié.

Vers la fin de l'année 1952, j'ai répondu à une annonce d'embauche des chemins de fer canadiens, pour un poste d'apprenti machiniste. J'ai été convoqué à un entretien et à quelques examens d'aptitude. Finalement, on m'a dit que je pourrais commencer le travail deux semaines plus tard, après avoir passé un examen médical. Je n'avais aucun doute sur ma bonne santé ; j'ai donc quitté mon emploi du moment pour débuter une nouvelle carrière dans la société nationale des chemins de fer.

Malheureusement, j'ai eu une mauvaise surprise. À la visite médicale, on m'a dit que je ne pourrais pas être engagé en tant que machiniste à cause de ma joue déformée (elle l'avait été dans mon enfance, suite à plusieurs interventions chirurgicales). Ce fut une grande déception. Je me suis donc retrouvé sans emploi pendant un temps, et ne trouvant pas de travail, j'ai recommencé à faire des petits boulots. Je suis ainsi devenu peintre en bâtiment. Grâce à ce travail, je gagnais assez d'argent pour subvenir aux besoins de ma famille qui comptait désormais un enfant. De plus, ma femme ne pouvait pas travailler car elle était enceinte de notre deuxième bébé. Néanmoins, je ne me suis pas découragé et j'avais appris à faire confiance en la Divine Providence en toutes circonstances.

Chapitre 5 Une épreuve difficile

En avril 1952 naquit notre premier enfant, David Salvatore. Ce qui aurait dû être une grande joie fut pour nous une rude épreuve, car notre fils naquit avec une malformation : un “bec de lièvre”. Il avait de plus une fente palatine (son palais n’était pas terminé et était resté ouvert).

Cette situation nous a terriblement affectés. Des milliers de questions nous ont traversé l'esprit. Pourquoi ? De qui était-ce la faute ? Qu'avions-nous fait de mal ? Quand la nouvelle s’est répandue dans le village de mon enfance, plusieurs ont dit à mes parents que ce devait être la punition de Dieu à mon égard, pour avoir changé de religion. Notre bébé ne pouvait pas être nourri au sein, et l’était même difficilement au biberon. Ces mois ont été vraiment difficiles. Nous nous sommes consolés avec la pensée que nous aurions d'autres enfants qui seraient certainement en bonne santé. Mais notre second fils, Paul Abraham, est venu au monde avec le même handicap, ce qui a provoqué une nouvelle affliction à nous-mêmes et à nos familles.

Nos deux enfants ont subi une série d’opérations chirurgicales dès l’âge d’un an, jusqu’à leur puberté. Nous remercions Dieu de ce que les six autres enfants qui sont nés ensuite ont été en bonne santé dès leur naissance et nos huit enfants, y compris David et Paul, sont tous aujourd’hui en parfaite santé. Ils sont mariés et ont de bonnes situations professionnelles. Ils ont tous eu des enfants qui sont nés en bonne santé, à une exception près dont je reparlerai plus tard. Ma femme et moi-même sommes heureux de voir que nous avons réussi à dépasser les épreuves et les difficultés, et ce par la grâce de Dieu, même si elles semblaient insurmontables sur le moment. Aujourd'hui, nous avons vingt petits enfants. Les craintes qui nous ont assaillis après la naissance de nos deux aînés se sont apaisées et par cette expérience, j'ai appris qu'il nous faut faire face à l'adversité avec calme et confiance dans le Seigneur, car Il est toujours prêt à nous assister.

Au cours des années 1952 et 1953, il y a eu un afflux important d'italiens au Canada. Il s'agissait en fait de réfugiés provenant de régions d'Italie dévastées par la guerre. Des milliers d'hommes qui souvent ne connaissaient personne et qui ne parlaient pas la langue du pays ont débarqué sur le continent. L'afflux d'immigrants a été tel que le Département de l'Immigration s'est trouvé en grande difficulté et a eu besoin d'interprètes en urgence. J'ai décidé de me porter volontaire comme interprète, et j'ai ainsi pu aider mes compatriotes à s'installer, même si ce n'était que de façon temporaire. Pendant plusieurs mois, j'ai consacré de nombreuses heures par semaine à les assister et à les encourager. Parfois, avec des frères et des sœurs de l'église, nous organisions des temps de partage autour de la Bible dans le campement où ils vivaient, le temps qu'ils soient mieux installés. C'était pour nous l'occasion de prier pour eux. Nous leur apportions également des timbres pour qu'ils puissent écrire à leurs familles.

Quand ce travail s'est achevé, un responsable de l'immigration m'a convoqué dans son bureau. Il m'a donné un chèque pour tout le travail que j'avais fait auprès de mes compatriotes. Je ne comprenais pas pourquoi le Département de l'Immigration voulait me payer, puisque je m'étais présenté comme volontaire et que je n'attendais donc rien en retour. Mais on m'a expliqué que le gouvernement canadien devait me dédommager car il n'était pas acceptable que quelqu'un travaille gratuitement. M'ayant demandé où je travaillais et ayant réalisé ma situation précaire, le directeur m'assura qu'il me recommanderait auprès d'un de ses amis qui m'aiderait à trouver un bon travail.

Quelques jours plus tard, je fus embauché par l'agence d'assurance Sun Life, la plus grosse compagnie d'assurances du Canada, dans laquelle je suis resté jusqu'en 1960. J'y ai eu une carrière prospère. Tout d'abord en tant qu'agent, puis en tant que formateur et superviseur des nouveaux agents que j'engageais régulièrement. Même dans ce travail, je voyais la main du Seigneur qui m'aidait quand j'en avais besoin. De plus, ce nouvel emploi m'a permis de consacrer beaucoup plus de temps aux choses de Dieu.

Je pouvais utiliser mon temps libre pour participer à diverses activités, dans l'église locale et même dans tout le pays. J'ai fait partie du conseil des Églises Pentecôtistes Italiennes du Canada (IPCC) pendant plusieurs années. En plus de cette responsabilité au niveau national, j'ai aussi été désigné comme responsable et coordinateur de la classe d'étude biblique de notre église locale. Quand il a été décidé de construire un nouveau lieu de culte pour la congrégation, le nombre de membres ne cessant d'augmenter, on m'a chargé d'en superviser la construction.

Nous avons construit une belle église moderne. Elle était composée d'une grande salle principale et de nombreuses pièces annexes pour les différentes activités de l'église, dont plusieurs servaient pour la classe d'étude biblique.

La communauté d'immigrants italiens grandissait de jour en jour et notre église continuait à se développer, non seulement grâce à l'arrivée de frères pentecôtistes venant d'Italie, mais aussi grâce à ceux qui s'étaient convertis au Canada suite au témoignage de nos frères dans la foi.

Je sentis que Dieu nous appelait à créer un programme de radio chrétienne en langue italienne. Avec l'aide de trente frères qui ont accepté de donner une petite somme d'argent chaque semaine, nous avons mis en place la station de radio "Radio Réveil". On y diffusait une émission hebdomadaire de trente minutes avec des chants, des témoignages et la prédication de l'Évangile en italien.

C'était une tâche difficile à accomplir parce que nous n'avions pas l'équipement nécessaire, et il n'était pas facile de rassembler les fonds pour l'acheter... Pour réaliser une émission d'une demi-heure, il nous fallait souvent plusieurs heures de travail. Nous avons dû utiliser les mêmes chants plusieurs fois. En plus de cela, nous n'avions qu'un seul enregistreur à cassettes, et je devais découper les bandes magnétiques et les recoller avec du papier adhésif.

Nous avons continué ce travail avec un équipement rudimentaire pendant plusieurs années. Mais dans Sa bonté, le Seigneur a utilisé ce programme pour sauver beaucoup de gens. Plus tard, l'émission "Radio Réveil" a été intégrée au ministère de l'IPCC, et aujourd'hui, elle est connue sous le nom de "La Voix de l'Évangile". L'émission est maintenant dirigée par le pasteur Mario Spiridigliozzi de Vancouver (en Colombie Britannique), et elle est diffusée dans plusieurs villes canadiennes et au-delà.

Chapitre 6 Une leçon inoubliable

Depuis mon arrivée au Canada, il s'était écoulé environ deux ans. Deux années pendant lesquelles j'avais réussi à économiser un peu d'argent. J'ai donc contacté Michelina Valsi, à Warren aux États-Unis, qui était une des trois sœurs dans la foi qui avaient payé mes frais de voyage entre l'Italie et le Canada. Je l'ai remerciée une fois de plus pour son aide et lui ai dit que j'étais enfin en mesure de la rembourser. Elle s'est presque offensée de ma proposition : "Écoutez, frère Madonia, quand nous avons promis au pasteur Di Biase que nous allions couvrir les frais pour votre voyage, nous ne vous connaissions même pas, et de toute façon, il n'a jamais été question d'emprunt. Ce que nous avons fait, nous l'avons fait pour le Seigneur. Maintenant, si vous êtes désireux de nous rembourser, et bien laissez le Seigneur vous guider et quand l'occasion se présentera, faites pour quelqu'un d'autre ce que nous avons fait pour vous. Aidez une personne qui est dans le besoin !"

Par ces simples mots, la sœur Valsi mit une grande responsabilité sur mes épaules, que je ressens encore aujourd'hui. Cette dette qui, bien qu'importante, aurait pu être réglée aisément par un simple chèque, est ainsi devenue une dette colossale que je n'ai pas encore fini de rembourser ! Car depuis cette date, il n'y a pas eu un seul jour de ma vie où je n'ai pas rencontré de personnes dans le besoin, et je continue encore à en croiser. J'ai eu le plaisir d'aider beaucoup de gens venant d'Italie à s'installer dans ce nouveau pays. J'ai traversé maintes fois la ville afin de chercher du travail pour ceux qui étaient dans l'incapacité d'en trouver. À de très nombreuses reprises, j'ai assuré le rôle d'interprète pour ceux qui ne savaient pas comment communiquer avec les autorités, les hôpitaux, les syndicats, etc. J'ai aidé des dizaines de personnes à passer l'examen écrit d'anglais pour avoir le droit de devenir barbier, coiffeur, plombier. Je me souviens avoir été invité à une conférence missionnaire à l'église italo-américaine de Philadelphie dont Carmine Di Biase, le fils du pasteur Antonio Di Biase, était le pasteur responsable. Plusieurs missionnaires étaient là à parler de leurs expériences et des besoins de leurs champs missionnaires respectifs. Moi aussi, j'y ai fait mon bilan. Le pasteur a ensuite demandé à la congrégation de faire des dons pour pourvoir aux différents besoins des missionnaires. En quelques jours, les gens ont rassemblé pas moins de dix mille dollars. Plus ils donnaient, plus leurs visages rayonnaient de joie. Ils étaient heureux parce qu'ils se sentaient honorés par le fait que Dieu leur donnait l'occasion de travailler pour Son œuvre.

Petit à petit, je commençais à comprendre ce qui poussait tant de chrétiens fidèles à faire tout ce qu'ils pouvaient pour s'entraider. Ils donnaient spontanément, et en retour, ils en éprouvaient une grande joie. Lorsque je repense au passé, je me souviens de toute la gentillesse qui m'avait été manifestée par de nombreuses personnes. D'un côté, j'étais heureux de voir mes problèmes se résoudre ; mais d'un autre côté, je me sentais humilié par la condition de pauvreté dans laquelle je me trouvais. C'est à travers ces circonstances-là que j'ai compris la signification de ce passage biblique : *"Vous savez vous-mêmes que ces mains ont pourvu à mes besoins et à ceux de mes compagnons. En tout, je vous ai montré qu'il faut travailler ainsi, pour venir en aide aux faibles, et se rappeler les paroles du Seigneur Jésus, qui a dit lui-même : Il y a plus de bonheur à donner qu'à recevoir"* (Actes 20 /34-35)

Dans ce paragraphe, l'apôtre Paul raconte ses expériences aux anciens d'Éphèse. Il fait référence à un principe important enseigné par le Christ : il y a "plus de joie "à "donner "qu'à "recevoir". En fait, il explique qu'il ressent une plus grande satisfaction à travailler de ses propres mains pour pourvoir à ses besoins et aider les autres, plutôt que de recevoir des dons de la part des chrétiens ! Ce principe, qui a été énoncé pour la première fois par Jésus et qui a ensuite été mis en pratique par Paul, beaucoup l'ont trouvé surprenant. En effet, la plupart sont habitués à recevoir, et cela leur procure du plaisir. Mais tous ceux qui ont eu l'occasion de me venir en aide comprennent parfaitement le sens profond des paroles de Jésus. Pour eux, donner apporte plus de satisfaction que recevoir.

Je peux témoigner que pendant toutes ces années, j'ai éprouvé beaucoup de joie à donner, surtout quand je les compare à l'époque où j'étais moi-même du côté de ceux qui reçoivent. Au fil du temps, le plaisir que je ressentais à donner était devenu tellement grand que je refusais même d'accepter les cadeaux que ma femme et mes enfants me faisaient pour mon anniversaire ou pour d'autres occasions. J'ai même insisté pour qu'ils arrêtent de m'en faire. Puis un jour, ma fille Lucy m'a dit : "Écoute Papa, tu nous fais tout le temps des cadeaux et nous savons que cela te fait très plaisir, et à nous également. Mais ne crois-tu pas que nous aussi, nous avons droit au même privilège de t'offrir des cadeaux ?" À ce moment-là, j'ai compris que j'avais fait une erreur. Ce n'était pas bien de refuser des cadeaux, simplement parce que j'éprouvais plus de joie à donner qu'à recevoir.

J'ai aussi compris ce jour-là que ce qui compte le plus quand on donne, ce n'est pas tant la satisfaction et la joie que l'on éprouve à le faire, mais c'est plutôt de savoir que ce geste est le fruit d'un amour sincère pour le Seigneur et pour notre prochain.

Chapitre 7 Une brillante carrière

Mon emploi aux assurances Sun Life était à la fois lucratif et agréable. Ce travail m'a permis de visiter des centaines de familles d'immigrants italiens. En même temps que je leur présentais des contrats d'assurance, je les aidais à gérer les nombreuses questions administratives ou autres qui les préoccupaient.

Par exemple, beaucoup ne savaient pas lire l'anglais. Alors ils mettaient dans un tiroir le courrier qu'ils recevaient, jusqu'à ce que je vienne les voir, et ils me demandaient de le leur traduire. Il leur fallait parfois répondre en urgence à certaines lettres, et je le faisais de leur part.

Grâce à cela, ma relation avec ces immigrants est devenue plus une relation amicale que professionnelle. J'ai souvent eu l'opportunité d'aborder des sujets d'ordre spirituel, et j'ai alors pu leur témoigner de l'amour de Dieu. Bien des fois, quand ils avaient des soucis, ils m'appelaient pour avoir de l'aide ou des conseils. Je les emmenais chez le médecin, au bureau de l'emploi ou à celui de l'immigration. J'étais là pour toutes ces petites choses de la vie courante, qui étaient d'une grande importance pour ces pauvres immigrants.

Je réussissais très bien en tant qu'agent d'assurances et je pouvais assurer à ma famille un train de vie aisé. Néanmoins, j'ai décidé de suivre des cours pour acquérir plus de compétences et jouer un rôle plus important dans l'entreprise. Ainsi, je suis rapidement devenu superviseur. En plus de mon travail d'agent, j'avais la responsabilité d'engager d'autres agents, de les former et de suivre leur progression. Finalement, j'ai réussi à acheter une jolie maison au centre ville de Toronto. Elle avait un jardin, une piscine et de nombreuses chambres pour loger toute notre famille avec nos six enfants. Malgré les épreuves et l'adversité auxquelles nous avions fait face, nous étions heureux.

En 1959, j'ai rencontré un jeune immigrant sicilien qui travaillait dans sa propre entreprise de distribution de sodas. Il les achetait à des Juifs qui avaient une petite usine, et ensuite il les livrait de maison en maison à une clientèle principalement composée d'immigrants italiens. Je lui ai rendu visite pour lui proposer quelques contrats d'assurances et, bien évidemment, nous sommes devenus amis. Je lui ai suggéré de mettre en route sa propre usine de fabrication de sodas pour ne plus avoir à les acheter à un tiers, mais il m'a dit qu'il ne se sentait pas à la hauteur pour cela. Chaque fois que je le voyais, j'essayais de l'encourager, jusqu'au jour où il est venu me voir avec un ami qui faisait le même travail ; ils avaient finalement décidé de lancer leur propre affaire, mais ils ne savaient pas comment s'y prendre. Ils m'ont alors invité à me joindre à eux pour qu'ensemble, nous démarrions cette entreprise. L'idée était non seulement de fabriquer des sodas "à la mode canadienne", mais aussi de commercialiser des produits qui seraient typiquement italiens.

C'était une décision difficile à prendre car j'étais heureux du travail que je faisais, et je gagnais bien ma vie. En plus, je mesurais le risque de me lancer dans une nouvelle activité sans aucune connaissance du marché du soda. Finalement, après avoir bien réfléchi, j'ai accepté de les rejoindre dans cette aventure, en continuant toutefois de travailler pour la compagnie d'assurances.

Après avoir recueilli les informations nécessaires, nous avons acheté un matériel d'occasion pour la mise en bouteilles du soda, que nous avons fait installer par un professionnel dans le bâtiment que nous avions pris en location.

Les obstacles furent nombreux et par moments, ils semblaient vraiment insurmontables : législation, problèmes techniques, opposition de la part des concurrents et bien d'autres encore. Combien de fois nous sommes-nous dit que nous n'allions pas y arriver et que nous avions fait une erreur... Mes partenaires, Angelo Pirrello et Giuseppe Panacci, continuaient à distribuer des sodas pour d'autres entreprises, tandis que j'essayais de surmonter les différents obstacles. Je m'efforçais d'ouvrir une usine capable de mettre nos produits en bouteilles au plus tôt.

Les deux principales usines qui fournissaient des sodas à mes associés finirent par découvrir que nous étions en train de démarrer notre propre affaire. Comme ils étaient inquiets pour leur clientèle, ils ont demandé à nous rencontrer et, sans mâcher leurs mots, nous ont présenté un contrat d'exclusivité que mes partenaires étaient tenus de signer immédiatement. Ce contrat stipulait que mes associés devaient acheter exclusivement les sodas de leur entreprise, pour les trois prochaines années à venir. De plus, ils les menaçaient de ne plus leur vendre de sodas s'ils ne signaient pas le contrat sous huit jours.

Nous avons eu un moment de panique. Puis un jour, alors que nous étions chez moi à essayer de trouver une solution, le téléphone a sonné. C'était l'épouse de M. Art Valeau avec laquelle nous avions parlé quelques mois auparavant : nous lui avions demandé s'il était possible de racheter le matériel de mise en bouteilles de son mari, et aujourd'hui elle voulait savoir si nous étions toujours intéressés par cet équipement. M. Valeau était le propriétaire d'une petite usine de sodas située à environ cinquante kilomètres de Toronto. À cause de sa mauvaise santé, il voulait vendre son affaire, avec le bâtiment et l'équipement qui s'y trouvaient. Nous n'avions pas l'intention d'acheter cette usine car elle était loin de Toronto. Mais Mme Valeau nous a expliqué que son mari avait eu une deuxième attaque cardiaque et que de ce fait, ils avaient fermé l'usine et étaient maintenant prêts à vendre les machines qui nous intéressaient.

C'est sans grand espoir que nous sommes allés chez les Valeau un après-midi, pour leur expliquer notre situation. En entendant ce qui avait été proposé à mes associés, M. Valeau fut indigné : "Si vous le voulez, vous pouvez commencer à utiliser mon usine et démarrer la mise en bouteilles dès demain, jusqu'à ce que votre propre usine soit en service". Il ne savait pas que nous n'avions ni bouteilles, ni labels, ni recettes, ni ingrédients, ni personne sachant comment faire fonctionner les machines. Nous lui avons avoué tout cela et à notre grande surprise, il nous répondit : “Eh bien, vous pouvez utiliser mes bouteilles, mes formules et mes ingrédients, et si quelqu’un peut m’amener là-bas, je m’assiérai à côté des machines et je vous apprendrai tout”.

Le miracle avait eu lieu ! Grâce à Dieu, nous avions réussi à surmonter toutes les difficultés. Quelques mois plus tard, nous produisions les premiers sodas “à la mode canadienne” dans notre nouvelle usine. Peu de temps après, nous avons importé des produits venant d’Italie et nous avons commencé à produire des boissons typiquement italiennes comme le chinotto, la gassosa et l’aranciata. Ces nouveaux produits sont rapidement devenus les préférés de la communauté italienne, et nous nous sommes ainsi fait un véritable nom sur le marché du soda. En quelques années, l’entreprise employait plus de cent personnes et produisait plus de deux cents bouteilles de 75 cl par minute. Le nom de notre marque, Italie, Brio and Wishing Well, est devenu célèbre dans tout l’Ontario.

Tout juste un an après avoir commencé notre aventure, j’ai démissionné de la compagnie d’assurances Sun Life pour me consacrer entièrement à ce nouveau travail. Parce que nous n’avions que peu de capitaux, nous avons démarré la production de nos sodas avec un équipement usagé. De plus, nous n’avions pas les moyens d’acquérir nos propres camions pour la livraison au porte-à-porte et dans les magasins ; nous avons donc engagé des distributeurs indépendants et de cette façon, la compagnie s’est rapidement développée, nous amenant plusieurs fois à déménager dans des locaux plus grands. Finalement, nous avons acheté un bâtiment industriel tout neuf d’une surface de 6 000 mètres carrés, avec assez d’espace à l’extérieur pour y garer les camions et les voitures de nos employés.

Quelques années plus tard, lors d’un voyage en Italie, j’ai entendu parler d’un type de lait qui pouvait se conserver sans réfrigération. J’ai donc créé une entreprise pour produire cette sorte de lait, et ce fut la première entreprise de lait stérilisé d’Amérique du Nord. Durant les deux premières années, nous avons rencontré beaucoup de problèmes qui nous ont presque mis en faillite. Mais par la suite, les choses se sont arrangées.

Je me souviens encore très bien du mois de décembre 1970, au moment de la fermeture de l'usine pour la période de Noël. Peter Calabrese, l'administrateur de l'entreprise et un frère dans la foi, m'avait demandé : "Crois-tu que nous serons dans la capacité d'ouvrir l'usine et de continuer la production après le nouvel an ?" Peter connaissait la situation financière dans laquelle nous étions, et il redoutait que nous ayons atteint la limite.

Je lui ai répondu : "Écoute Peter ! Pendant toutes ces années où j'ai été dans le monde des affaires, je n'ai jamais prié Dieu pour qu'Il m'aide à prospérer financièrement. J'ai toujours cru en Sa promesse de pourvoir à mon pain quotidien, mais je ne crois pas en revanche qu'Il ne nous ait jamais promis de nous faire gagner des fortunes. Mais la situation actuelle est très délicate : nous avons des amis et des frères en Christ qui ont investi de grosses sommes d'argent dans cette entreprise, et si nous faisons faillite, ils risquent de tout perdre. De plus, certaines personnes profiteraient certainement de la situation pour nous accuser injustement et pour se moquer de notre foi en l'Évangile. Je vais consacrer les prochains jours à la prière, afin que Dieu nous montre un moyen de surmonter cette épreuve difficile, à cause de Son nom." Peter promit de faire la même chose.

Plusieurs mois plus tard, un autre miracle a eu lieu. Et alors, tout a changé. À partir de ce moment-là, les choses ont continué à s'accélérer et à aller de l'avant. L'usine s'est spécialisée dans la fabrication de petites bouteilles de 20 ml de succédané pour café. Ces succédanés ont été distribués dans de nombreuses épiceries de l'Ontario et ainsi, en peu de temps, nous produisions approximativement un million de succédanés par jour. En même temps, nous avons lancé les succédanés "grand format" qui ont rencontré le même succès. Finalement, grâce à une large contribution financière du gouvernement fédéral et au soutien de deux firmes spécialisées dans la conception d'équipements pour la fabrication de produits laitiers, nous avons été en mesure d'ouvrir la première usine capable de produire du lait stérilisé qui avait le même goût que le lait pasteurisé.

Le gouvernement de l'Ontario lui-même nous a félicités pour ces innovations. L'entreprise grandissait d'année en année et compta rapidement plus de cent employés. Plus de cent frères et sœurs de nos églises étaient employés soit dans l'usine de sodas, soit dans celle des produits laitiers, et à tous les niveaux hiérarchiques.

Désormais, tout le monde disait que Dieu avait fait prospérer notre affaire car j'étais un chrétien évangélique. En effet, Dieu promettait d'aider tous ceux qui croyaient en Lui, et c'était bien mon cas. J'étais heureux que ce succès soit mis au crédit du Seigneur, parce que je savais qu'Il était digne de recevoir tout l'honneur, mais je m'inquiétais pour les croyants fidèles qui rencontraient des difficultés : je ne voulais pas que ce type de raisonnement les blesse. J'ai donc décidé d'examiner les Écritures pour voir ce qui y était enseigné à propos de la prospérité des croyants et j'en ai conclu que Jésus et les Apôtres ne mentionnaient que rarement la prospérité matérielle des chrétiens.

Chapitre 8 Financement et collecte de fonds

Dès les toutes premières années de mon association avec l'Église de Toronto, de nombreux cas de personnes dans le besoin se sont présentés à moi.

Je ne me souviens pas de la date exacte, mais au cours des années 50, une sœur dans la foi nommée Eliana Rustici, directrice de l'orphelinat Betania à Torlupara (Rome), est venue d'Italie pour soumettre à notre congrégation le besoin urgent d'aider les orphelins dont elle avait la charge. À la fin de son appel, sachant pertinemment qu'une simple collecte ne suffirait pas à couvrir tous leurs besoins, j'ai demandé aux pasteurs la permission d'intervenir. Puis, je me suis adressé à l'assemblée, et je leur ai demandé combien d'entre eux seraient prêts à accueillir un des orphelins chez eux. Chaque famille a levé la main, et je me suis alors tourné vers la sœur Rustici pour lui demander s'il y avait assez d'orphelins pour chaque famille. Prise au dépourvu et un peu confuse, elle a répondu qu'elle n'avait pas assez d'orphelins et que dans tous les cas, pour diverses raisons, il ne serait pas possible que tous viennent au Canada. Une fois que la somme mensuelle nécessaire au soutien de chaque orphelin à Betania a été déterminée, je me suis à nouveau tourné vers la congrégation, et j'ai dit : "Comme vous pouvez le voir, chers frères, vous ne pourrez pas avoir le plaisir de recevoir un de ces orphelins dans votre maison pour un mois. Cependant, si vous êtes toujours désireux d'aider ces enfants, même sans avoir le privilège de les accueillir, cela vous coûtera la somme que la sœur Rustici vient de nous indiquer. Combien parmi vous sont prêts à participer ?" Toutes les mains qui s'étaient levées auparavant se sont à nouveau levées, et une fois la collecte faite, je crois me souvenir que la sœur Rustici a déclaré que notre offrande était la plus généreuse de son voyage, bien que nous ne soyons pas une des églises les plus importantes en nombre de membres.

Je me souviens aussi que, toujours dans les années cinquante, nous avons sollicité le frère Daniele Ippolito pour qu'il soit notre nouveau pasteur à plein temps. Avant d'en venir à cette décision, beaucoup de membres de la congrégation étaient soucieux quant au fait de savoir comment nous allions soutenir financièrement un pasteur avec toute sa famille. Jusqu'ici, ils ne percevaient pas de salaire et étaient obligés de travailler pour subvenir à leurs besoins. En effet, notre église était principalement composée d'immigrants récemment arrivés dans le pays, et nous avions donc peu de moyens. Mais en cette occasion comme dans d'autres, je me rappelle avoir encouragé la congrégation à faire confiance au Seigneur et à croire qu'avec Son aide, nous pourrions faire face à notre engagement envers notre nouveau pasteur. Grâce à Dieu, le frère Ippolito a accepté le poste, même sans avoir la garantie d'un salaire. Lui aussi croyait que le Seigneur pourvoirait. Pendant plusieurs années, nous avons fonctionné avec des dons volontaires, et j'avais pour tâche de m'assurer que le pasteur avait la somme d'argent suffisante pour pouvoir subvenir aux besoins de sa famille. Quand il arrivait parfois que les fonds ne soient pas suffisants, j'attendais le moment opportun pour demander aux frères et sœurs de donner un petit peu plus. Et Dieu soit loué, je peux attester qu'ils ont toujours fait du mieux qu'ils ont pu. Au fil des années, nous avons décidé de donner un véritable salaire au pasteur. Plus tard nous avons même été dans la capacité de pourvoir de la même manière pour le pasteur stagiaire, ainsi que pour d'autres membres de la congrégation qui travaillaient aussi à plein temps pour l'église.

En 1956, notre lieu de culte étant devenu trop petit, nous avons été obligés de construire une nouvelle église. Cette fois encore, il y a eu beaucoup d'hésitation de la part des pasteurs et de la congrégation. Nous n'étions pas sûrs de pouvoir couvrir les frais de construction de ce nouveau bâtiment, car ils étaient conséquents. Je me souviens que nous n'étions pas parvenus à un consensus lors d'une réunion spécialement organisée pour ce projet. Après avoir reçu la permission de parler, je me suis levé et j'ai demandé combien de personnes dans l'église seraient prêtes à donner au moins mille dollars pour pourvoir aux frais de construction.

Beaucoup ont levé leurs mains, notamment dix-sept veuves qui ont été parmi les premières à s'engager. Nous en sommes alors arrivés à un vote, et c'est à l'unanimité que l'approbation du projet a été acquise.

Au matin du 8 janvier 1968, il était environ huit heures, et j'admirais une des merveilles de la nature les plus belles que j'ai jamais vues. Il avait légèrement plu pendant la nuit, et du coup la température avait radicalement chuté, transformant la pluie en glace. Le soleil venait de se lever, et tous les arbres étaient couverts d'une fine couche de glace qui scintillait à la lumière du soleil. Je contemplais la majesté de la nature, quand le téléphone sonna. C'était Dan Iannuzzi, l'éditeur du Corriere Canadese, un journal quotidien italien de Toronto. Il m'appelait pour me demander si j'avais entendu les nouvelles : pendant la nuit, un terrible tremblement de terre s'était produit sur la majeure partie de la Sicile, faisant de grands dégâts et emportant de nombreuses vies. Puis il m'a demandé si je pouvais créer un comité de soutien pour rassembler des fonds pour les victimes du tremblement de terre. J'ai promis de faire partie du comité, et nous avons rapidement commencé à contacter d'autres personnes de la communauté italo-canadienne pour organiser cet effort envers nos compatriotes victimes de cette catastrophe naturelle. Le comité m'a désigné comme directeur administratif. Dans les jours qui suivirent, je me suis entièrement consacré à cette tâche. Nous avons fait un appel à la communauté en utilisant tous les moyens de communication disponibles : la radio, la télévision et les journaux qui nous ont fait bénéficier de leur entière collaboration. Le service du téléphone était fortement endommagé, alors nous avons établi un contact radio entre la Sicile et

Toronto. Nous avons ainsi pu recevoir des informations de toute dernière minute des régions bloquées par le tremblement de terre. Nous les transmettions aux nombreux siciliens résidant en Ontario, qui n'avaient eu aucun moyen de prendre contact avec leurs familles. La Croix Rouge canadienne a apporté sa contribution, et entre autres, elle a assumé la responsabilité de gérer les fonds collectés par des milliers de volontaires auprès de toutes les familles italo-canadiennes. Nous avons reçu le soutien du gouvernement canadien qui, en plus d'une donation considérable, a mis à notre disposition et pour un prix modique des structures en préfabriqué prévues pour de telles urgences. Il a aussi envoyé des soldats canadiens en Sicile pour aider au montage de ces structures. Ainsi, plusieurs de ces bâtiments en préfabriqué, qui pouvaient contenir quatre à six salles de classe chacun, ont été distribués par la Croix Rouge à diverses communautés de la vallée du Belice pour être utilisés comme salles de classe. Nous étions très heureux d'avoir eu le privilège de pouvoir aider nos frères siciliens dans ce temps de souffrance, même petitement.

Malheureusement, pour des raisons que je n'ai jamais vraiment saisies, peut-être par jalousie ou envie, ou peut-être pour quelque raison encore plus obscure, deux individus qui publiaient un petit journal sans influence ont commencé à porter des accusations à l'encontre de notre comité, et en particulier à mon sujet. Ils insinuaient que les fonds collectés n'avaient pas tous été envoyés en Sicile, et que certains d'entre nous les avaient détournés pour en tirer du profit. Malgré tous nos efforts, le soutien des autorités officielles, la collaboration de la Croix Rouge qui publia un rapport précis et détaillé de l'argent collecté, et la participation des autorités consulaires, nous avons été incapables de faire taire ces gens sans scrupules qui ont continué à nous calomnier et à nous diffamer. Il a fallu l'intervention de la Cour pour mettre fin à cette affaire. Elle mit en évidence qu'il y avait effectivement eu diffamation, et elle rendit un jugement à l'encontre des calomniateurs, les sommant de me verser des dommages et intérêts d'un montant s'élevant à 25 000 $. Cette somme n'a jamais été payée, car le journal et ses responsables ont fait faillite.

Je pourrais continuer à raconter bien d'autres expériences dans lesquelles le Seigneur m'a utilisé pour collecter des fonds pour Son œuvre, et pour soulager la souffrance de personnes dans le monde. Mais je crois qu'à présent il est préférable que j'explique pourquoi je me suis senti appelé à m'impliquer de cette manière. Tout d'abord, je tiens à préciser ceci : en accomplissant toutes ces choses que je vous ai racontées, j'ai toujours cru que je faisais la volonté de Dieu. Je suis fermement convaincu que, selon ce que dit la Bible, chaque croyant a la responsabilité d'utiliser les biens que Dieu lui a confiés pour donner pour Son œuvre, et aussi pour aider ceux qui sont dans le besoin. Dans le chapitre suivant, je montrerai ce que les Écritures disent à cet égard.

Chapitre 9 Une vie très intense

Notre emploi du temps était de plus en plus chargé. Notre famille était désormais complète, avec huit enfants qui allaient tous à l'école. De plus, deux autres enfants vivaient avec nous car leurs parents étaient tous les deux malades ; ces enfants sont restés chez nous pendant un long moment. La santé de mon épouse a commencé à se détériorer, et malgré l'aide apportée par la femme de ménage que nous avions, le poids de la charge familiale se faisait de plus en plus lourd sur mes épaules. En même temps, d'autres engagements réclamaient toujours plus de mon attention. La seule solution que j'ai trouvée pour faire face à toutes mes responsabilités a été de réduire mes heures de sommeil. C'est donc ce que j'ai fait et merci Seigneur, Il m'a gardé en bonne santé.

D'un côté, l'église me prenait beaucoup de temps. Mais de l'autre, elle était une source de force et d'énergie qui me renouvelait. La Parole du Seigneur était une vraie nourriture pour mon âme, et elle me restaurait spirituellement. Après avoir passé presque toute la journée du dimanche à l'église avec ma famille, je me sentais revigoré et prêt à faire face à toutes les activités de la semaine à venir.

Une des choses que j'aimais particulièrement et que je faisais régulièrement dans l'église, c'était la classe d'étude biblique pour adultes en italien.

Chaque dimanche pendant plus de quarante ans, je passais une heure vraiment paisible et sereine à partager la leçon du jour. J'étais toujours bien préparé. J'avais devant moi une classe de plus de 80 croyants âgés de 35 ans et plus, qui aimaient la Parole de Dieu. Ils participaient activement et étaient très attentifs. Ils démontraient un intérêt profond à chercher et comprendre la volonté de Dieu pour leurs vies. Il ne s'agissait pas uniquement de connaître la Bible, les événements et les enjeux qu'elle renferme. Nous étions véritablement enthousiastes et désireux de découvrir ce que le Seigneur voulait enseigner à chacun, pour que nous puissions mener nos vies selon Sa volonté. J'ai enseigné dans cette classe et ceci représentait l'une des nombreuses activités que j'ai dû petit à petit abandonner pour pouvoir me consacrer au ministère dans lequel je suis maintenant impliqué. Cette classe est certainement ce qui me manque le plus...

Pendant plusieurs années, j'ai eu le grand privilège de servir le Seigneur dans une activité utile et extrêmement importante qui a permis la propagation de l'Évangile à travers tout l'Ontario. J'étais un ami proche de Johnny Lombardi, le propriétaire d'une station de radio très importante qui émettait plusieurs heures de programmes en italien. Pour les italo-canadiens, Chin Radio était le moyen le plus pratique pour obtenir des nouvelles à la fois sur les canadiens et sur les italiens. De plus, pour beaucoup de gens, c'était la seule source de divertissement leur permettant d'écouter de la musique italienne. J'ai parlé avec M. Lombardi et lui ai dit qu'en tant que propriétaire de l'unique moyen de diffusion de la langue italienne, il avait l'importante responsabilité morale de fournir des programmes éducatifs et formateurs, qui encourageraient les Italiens à respecter la cellule familiale et les principes moraux chrétiens. Après cette conversation, deux heures de programme totalement gratuites m'ont été mises à disposition, un soir par semaine.

C'est ainsi que l'émission intitulée "Religion et Morale chrétienne" a été créée. J'avais la liberté de choisir le thème de la soirée ainsi que les invités de tous bords que je voulais interviewer. Les auditeurs pouvaient appeler pour échanger avec les invités et moi-même sur le thème de la soirée. La Bible était au cœur de chaque programme. De ce fait, en répondant aux nombreuses questions qui nous étaient posées, j'ai eu l'opportunité de lire des passages adéquats de la Parole de Dieu, ce qui a encouragé les auditeurs à se procurer une Bible et à la lire régulièrement.

Le programme a rencontré beaucoup de succès. La majorité des Italiens l'écoutaient, et je faisais de mon mieux pour éviter d'inutiles sujets de controverse.

Beaucoup de gens appelaient pour poser des questions sur la foi. Avec joie, je leur expliquais pourquoi nous croyions en l'Évangile, et pourquoi j'insistais sur la nécessité d'accepter Christ comme Sauveur personnel. Inévitablement, une forte opposition s'est élevée par endroits, et j'ai commencé à recevoir des appels téléphoniques de gens qui essayaient de contredire mes explications sur la Bible. C'est en réponse à cette opposition que j'ai pensé à inviter des prêtres à participer au programme, pour pouvoir continuer à répandre la Parole de Dieu. Mais des opposants à l'émission ont commencé à faire pression sur le propriétaire de la station radio, le sommant de supprimer l'émission car elle était trop "pentecôtiste".

Pendant des mois et des mois, ils ont persisté. Ils faisaient pression sur M. Lombardi, mais il leur résistait en argumentant que l'émission était très populaire et appréciée des auditeurs, et que personnellement, il n'y trouvait aucun mal. Finalement, pour apaiser les pressions qui grandissaient à tous les niveaux, et pour éviter d'avoir à supprimer mon émission, il a accepté de diffuser d'autres émissions religieuses en italien.

Ainsi, chaque semaine pendant plusieurs années, j'ai eu le privilège de répandre le message chrétien à la radio. De plus, par ce moyen qui ne nous coûtait pas un centime, nous avons pu faire connaître non seulement l'Église pentecôtiste italienne, mais surtout l'Évangile. Le Seigneur sait comment toucher le cœur des gens, et bien souvent, nous en récoltons les bénéfices sans comprendre le chemin qu'Il a choisi.

Chapitre 10 Vacances en Sicile

Un jour, nous avons décidé de prendre des vacances et d'aller tous ensemble en Sicile, avec mes enfants, leurs époux et enfants respectifs. Nous étions vingt-sept en tout, dont un petit-fils âgé d'un mois seulement, et ma fille Lucie qui était enceinte de huit mois. Nous avons passé la première semaine en croisière sur la Méditerranée. Ma famille a pu apprécier les visites des différents pays d'Europe et d'Afrique, et a appris des faits intéressants sur l'histoire de ces civilisations anciennes.

La veille de notre arrivée en Sicile, je me souviens que je n'arrivais pas à m'endormir. J'étais agité à l'idée de revoir la ville de mon enfance, ainsi que toute ma famille.

Je ne sais pas si j'étais toujours éveillé ou si je m'étais déjà endormi, quand l'image de Jacob retournant chez son père après une longue absence me vint à l'esprit. La Bible nous raconte qu'après avoir trompé son frère, cet homme de Dieu s'était enfui de la maison de ses parents, par peur des représailles. Et presque vingt ans plus tard, il était revenu avec sa famille : quarante personnes, plus les serviteurs et les animaux. Le soir avant son arrivée (...), Jacob a dit ceci à Dieu : *"Dieu de mon père Abraham, Dieu de mon père Isaac, Éternel, qui m'as dit : Retourne dans ton pays et dans ta patrie, et je te ferai du bien ! Je suis trop petit pour toute la bienveillance et pour toute la fidélité que tu as témoignée à l'égard de ton serviteur ; car j'ai passé ce Jourdain avec mon bâton et maintenant je forme deux camps"* (Genèse 32/9-10).

En songeant à cela, j'ai été envahi par un profond sentiment de reconnaissance pour le Seigneur. Moi aussi j'étais parti depuis plusieurs années dans un pays étranger, et malgré tout, la main de Dieu m'a été favorable. Elle a pourvu à tous mes besoins, m'a permis de prospérer au-delà de toute espérance, et m'a honoré au milieu de mes frères dans la foi, ainsi qu'au milieu des communautés italienne et canadienne. Et maintenant, pour la première fois, je retournais au pays avec toute ma famille. À mon tour, je traversais à nouveau le Jourdain en amenant avec moi bien plus qu'un bâton ! Les yeux pleins de larmes, je louais Dieu du fond de mon cœur, lui demandant de continuer à m'utiliser comme un instrument entre Ses mains.

Nous avons loué un bus et sommes finalement arrivés à Corleone, où tous les membres de ma famille et amis nous attendaient pour nous réserver un accueil chaleureux. Ces jours ont été merveilleux, marqués d'expériences uniques, tout particulièrement pour mes enfants et petits-enfants qui rencontraient certains parents pour la première fois. Ils ont découvert des endroits dont ils avaient seulement entendu parler. Naturellement, nous avons aussi été chaleureusement accueillis par les frères de l'église de Corleone et par leur pasteur, Castrenze Cascio. La majeure partie de la ville savait que nous étions là.

Malheureusement, le maire qui nous avait invités n'a pas été en mesure de venir nous accueillir : il était en état d'arrestation, accusé d'irrégularités administratives. Cependant, il s'était arrangé pour que nous puissions être logés dans une maison de retraite qui venait tout juste d'être construite, et qui était tenue par des nonnes. C'était un beau bâtiment, avec une capacité d'accueil d'environ cent personnes. Mais il n'y avait qu'une dizaine de personnes âgées qui y résidaient. Alors avec toute ma famille, nous y avons passé une semaine en qualité d'invités, soigneusement entourés par les nonnes.

J'ai demandé à mes enfants de s'assurer que leur progéniture se comporte convenablement, conscient du fait que nous n'étions pas dans un hôtel mais dans un foyer pour personnes âgées. Je les ai donc instamment priés de respecter le calme et la sérénité du lieu. Le matin de notre départ, la mère supérieure m'a invité dans son bureau pour me complimenter sur ma grande famille, qui était si bien élevée. Puis, elle m'a offert une petite médaille pour chacun des membres de ma famille. Je savais que les médailles ne leur plairaient pas, et je ne voulais pas faire semblant de les apprécier ; alors avec beaucoup de discrétion, je les ai refusées. J'ai remercié la mère supérieure pour sa gentille attention, mais je lui ai dit que nous ne pouvions malheureusement pas accepter ces médailles : je lui ai expliqué que nous étions une famille pentecôtiste et que ces présents nous seraient inutiles. Jamais je n'aurais pu imaginer son étonnante réaction : la nonne a mis ses mains dans les cheveux et a dit : "Alors là, vous m'achevez !" Elle m'a alors expliqué que pendant la semaine toute entière, en parlant avec d'autres sœurs qui travaillaient dans le foyer, elle avait dit plus d'une fois combien elle admirait cette adorable famille catholique. Elle voyait combien les enfants étaient disciplinés et comment ils se comportaient en véritables chrétiens. Alors maintenant, comment pouvait-elle dire que nous n'étions pas catholiques ? J'ai essayé par tous les moyens de lui expliquer que nous étions de simples croyants en l'Évangile, et qu'il n'y avait aucune raison d'être consterné, mais je ne crois pas que mes paroles aient vraiment réussi à la rassurer.

Après tous ces événements, nous avons accompagné nos enfants à l'aéroport. Ils devaient en effet rentrer au Canada pour reprendre leurs activités respectives. Ma femme et moi sommes restés à Corleone pour passer quelques semaines de plus dans la maison familiale.

Chapitre 11 Miracles

Environ deux semaines plus tard nous avons reçu un appel téléphonique de mon fils aîné, David : il nous a annoncé que ma fille Lucie était à l'hôpital, gravement malade, et qu'elle était dans un état critique. Nous sommes vite rentrés à Toronto et sommes directement allés de l'aéroport à l'hôpital. Pendant le trajet nous nous demandions ce qui avait pu arriver et priions le Seigneur d'aider Lucie qui était à deux semaines de son terme de grossesse. À l'hôpital, nous l'avons trouvée dans une chambre individuelle, plongée dans l'obscurité. On nous avait interdit de parler parce que la lumière et les bruits lui provoquaient des douleurs insupportables. Son mari pleurait et personne n'arrivait à le consoler. Nous aussi nous pleurions, et nous priions.

Ma fille avait été infectée par la listeria et le pronostic était très inquiétant : l'espoir que ma fille et son enfant survivent était très faible. Et même s'ils survivaient, ils avaient peu de chance de retrouver une vie normale, risquant fort d'avoir des séquelles cérébrales irréversibles. Les médecins et les infirmières faisaient tout ce qu'ils pouvaient pour aider Lucie et régulièrement, ils lui administraient de fortes doses de calmants pour soulager ses douleurs.

J'ai appris que trois jours plus tôt mon gendre avait amené ma fille aux urgences parce qu'elle avait été prise de violents maux de tête. Après plusieurs heures d'examens et de tests, le médecin de garde (il faisait nuit à ce moment-là) téléphona au chef du service de neurologie pour l'informer de la gravité du cas, et pour lui demander son avis. Le neurologue en chef lui dit de ne pas s'inquiéter. Il lui suggéra de donner à ma fille des antidouleurs et de la renvoyer chez elle. Mais le médecin de garde n'était pas convaincu que c'était la meilleure chose à faire et à cause de cette intuition, il l'admit à l'hôpital au lieu de la renvoyer à la maison. Il décida de lui faire une ponction lombaire et de la mettre sous antibiotiques. Le lendemain, les résultats du test confirmèrent qu'il s'agissait de la listeria et le médecin augmenta immédiatement le dosage des antibiotiques.

Pendant plusieurs jours nous avons attendu de voir comment évoluait son état de santé. Pendant ce temps, tous les frères de Toronto et beaucoup d'autres qui avaient appris la nouvelle priaient avec ferveur pour son rétablissement. Finalement, les médecins nous dirent que Lucie avait passé la période la plus critique, mais qu'il y avait peu d'espoir de survie pour le fœtus, vu tous les traitements absorbés par le corps de ma fille, auxquels le bébé avait été exposé. Nous avons continué à prier et à louer Dieu pour Sa grande compassion, l'implorant d'agir en faveur de ce petit qui était sur le point de naître.

Le terme arriva. Les médecins redoutaient la naissance d'un enfant mort-né ou handicapé, mais gloire à Dieu ! À la surprise générale des médecins et des gens de l'hôpital, le bébé vint au monde en parfaite santé.

Débordant de reconnaissance envers Dieu pour ce grand miracle, j'ai voulu rencontrer le médecin de garde qui avait décidé de garder ma fille à l'hôpital, allant ainsi à l'encontre des recommandations du chef du service de neurologie. Il avait ainsi pu commencer à lui administrer le traitement antibiotique adapté, alors qu'il ne savait pas encore avec certitude de quelle maladie ma fille était atteinte. J'ai appelé l'hôpital, mais il n'était plus en ville. Ils lui ont donc laissé un message de ma part. Quand le médecin me rappela de Boston (c'était dans cette ville qu'il se trouvait à ce moment-là), je l'ai remercié du fond du cœur d'avoir aidé ma fille et lui ai dit que, selon nous, il avait été l'instrument de Dieu qui avait opéré ce miracle en réponse à nos prières. Il accepta volontiers mes remerciements ; en revanche, il me rétorqua qu'il ne considérait pas ce qui s'était passé comme un miracle. Je lui ai expliqué que je voyais un miracle dans le fait qu'un médecin de garde, un interne, avait pris un risque en agissant contre la recommandation de son supérieur, ordonnant une ponction lombaire et commençant un traitement qui s'avéra être le bon. Si au lieu de cela il l'avait renvoyée chez elle, il aurait été trop tard.

Il poursuivit en disant qu'il n'était pas qu'un "interne" de garde. En fait, c'était un spécialiste en médecine interne qui, ce soir-là, s'était retrouvé aux urgences pour dépanner un ami qui avait d'autres engagements. Je me suis mis alors à déborder de louanges pour Dieu, et j'ai dit au médecin : "Mais Docteur, ne voyez-vous pas que Dieu a tout arrangé pour que vous soyez au bon endroit, au bon moment, l'instrument d'un miracle entre Ses mains ? "

Ma famille et moi-même ne pouvons pas faire autrement que de rendre grâces et gloire à Dieu d'avoir sauvé notre fille, et de nous avoir fait un merveilleux cadeau, Matthieu, qui est pour nous un véritable miracle !

Et en parlant de miracles, je veux remercier Dieu pour la guérison miraculeuse de ma femme : après plusieurs années de souffrance à cause de la maladie, Il lui a plu de la rétablir entièrement, nous permettant de jouir des plus beaux jours de notre vie et de consacrer encore plus de temps à Le servir, Lui et nos semblables.

Chapitre 12 La mission en République dominicaine

Depuis que le Seigneur m'a sauvé, il y a plus de cinquante ans, je me suis toujours senti poussé par le Saint-Esprit à aider ceux qui sont dans le besoin. Pourtant, je ne me souviens pas avoir entendu de prédication traitant ce sujet en particulier. Au fil des années où j'ai pu apporter des centaines et des centaines de prédications, je ne me souviens pas non plus avoir consacré un message entier à ce seul sujet. J'avais bien prêché de nombreuses fois sur le fait de donner pour l'œuvre de Dieu, pour le soutien des serviteurs de Dieu et des missionnaires, pour financer l'évangélisation, mais pas sur le fait de prendre à cœur celles et ceux qui sont dans le besoin.

Il a fallu que le Saint-Esprit ouvre mes yeux pour que je réalise à quel point l'amour du Seigneur Jésus-Christ pour les pauvres était grand, et combien Il appréciait ce que nous faisons pour soulager leurs souffrances. Depuis lors, j'ai consacré mon temps à faire des recherches sur ce qu'enseigne la Parole de Dieu à ce propos, lisant et relisant la Bible, prêchant et enseignant partout où l'opportunité m'en était donnée, invitant avec empressement les croyants à ouvrir leurs cœurs et leurs bourses pour aider les pauvres. Naturellement, j'ai toujours essayé d'être moi-même un exemple dans ce domaine, comme le disait l'apôtre Paul (Galates 2/10).

En 1988, j'ai pris ma retraite. Je voulais pouvoir consacrer plus de temps à ma femme qui avait souffert pendant des années et qui, au fil du temps, était de plus en plus malade. Mais je voulais aussi avoir plus de temps libre pour servir le Seigneur. Alors que nous étions en vacances en Amérique Centrale, dans la province de Puerto Plata en République dominicaine, ma femme et moi sommes allés nous promener dans un village nommé Charamicos.

Et là, nous nous sommes retrouvés dans une des régions les plus pauvres de l'île, d'une misère sans nom. Les gens vivaient littéralement dans des cahutes en boue que l'on ne peut pas décrire, sans même une seule des commodités les plus élémentaires que nous considérons indispensables. Les enfants étaient nus et jouaient dans des flaques d'eau qui grouillaient de toutes sortes d'insectes. Nous n'avons même pas trouvé le courage de prendre des photos, pensant que cela embarrasserait ces pauvres gens. Nous sommes revenus perplexes de cette promenade, car même si nous étions désireux de faire quelque chose pour l'un de ces pauvres affligés, honnêtement, que pouvions-nous faire ?

Nous avons décidé de demander des informations au pasteur de la petite église pentecôtiste de la région, dont le nom nous avait été transmis par un frère du Canada qui passait ses hivers à Sosua. Nous avons demandé au pasteur si certains des membres de son église vivaient dans ces “quartiers”, et il a répondu que sa famille vivait tout près de l'endroit que nous avions visité. Ceci nous a surpris. Alors, lorsqu'il nous a invités à visiter sa maison, nous avons décidé d'accepter.

Il vivait dans un dénuement presque total et sa “maison” était semblable aux autres. En guise de cuisine, quatre gros rochers devant la porte qui donnait sur la rue, ou plus exactement, sur la saleté. Une grande boîte en métal qui avait dû contenir de la sauce tomate servait de casserole. C'était cela la maison du pasteur ! Il était loin d'être famélique, et nous n'aurions jamais imaginé qu'il vivait dans de telles conditions. Le fait est que dans la région, même s'ils sont aussi pauvres que leurs paroissiens, les pasteurs ne souffrent pas de la faim parce qu'ils rendent visite aux membres de leur congrégation chaque jour, et que souvent ils sont invités à manger ; et comme ce n'est pas la coutume de refuser, ils acceptent.

Je ne lui en ai pas parlé à ce moment-là, mais alors que je me trouvais dans cette cabane misérable, j'ai pris la décision de l'aider à construire une maison dans un meilleur endroit. Puis je lui ai demandé si nous pouvions rendre visite à d'autres familles du voisinage. À mon grand étonnement, nous avons visité plus de vingt familles ; il y avait là tous les membres de son église. Tous vivaient dans une extrême indigence. Leurs nombreux enfants, qui étaient comme des joyaux à leurs yeux, n'avaient pas ou très peu de vêtements.

Ces enfants, chers au cœur de Dieu, vivaient dans une misère noire et des conditions de vie déplorables. Petit à petit, allant d'une cahute à l'autre, je parlais au Seigneur intérieurement et je me révoltais contre le fait qu'Il laisse Ses propres enfants vivre dans de telles conditions. J'ai demandé plusieurs fois à Dieu d'intervenir en faveur de ces familles. Le cœur profondément ému, je ne cessais de demander : "Pourquoi ? Pourquoi ? Pourquoi ?" Je me souviens qu'à un moment, alors que j'étais chez une de ces familles et que je demandais à Dieu pour la énième fois "Pourquoi ?", il me semble avoir entendu une voix au-dedans de moi me répondre : "Et toi qui es si ému, toi qui cherches absolument à connaître mes raisons... qu'es-tu prêt à faire pour eux ?"

Je me suis alors trouvé face à un dilemme : que pouvais-je bien répondre ? que pouvais-je faire ? Je me suis dit : "Seigneur, pour l'instant, je vais procurer une maison au pasteur. Et ensuite, je parlerai à l'église de Toronto pour voir s'il est possible de faire une collecte pour tous ces gens." Encore une fois, il me semble avoir entendu cette même voix me répondre : "Et c'est tout ? Tu vas seulement demander une offrande à l'église de Toronto ? Mais toi, toi qui es si ému, que vas-tu faire ?"

C'est alors que j'ai compris que le Seigneur me testait. Qu'est-ce qui en fait me poussait à me révolter contre Lui ? Etait-ce véritablement l'amour pour les pauvres qui me motivait ? Et si ma motivation résidait bien là, pourquoi est-ce que je n'en faisais pas plus pour eux ? Le Seigneur savait parfaitement que j'avais vendu mes parts d'entreprise et que j'avais des économies importantes en banque. J'ai alors promis au Seigneur que, avec Son aide, j'allais pourvoir à une modeste maison pour toutes ces familles qu'Il avait placées sur mon chemin. Je me suis renseigné sur les terrains qui pouvaient être achetés. Je suis allé voir le maire de la ville qui (et je fus surpris de l'apprendre) était un membre de l'église pentecôtiste. Avec son aide, j'ai obtenu pour un rien une parcelle de terre qui appartenait à la municipalité. Ensuite, j'ai acquis un autre bout de terrain dans les alentours et ainsi, en peu de temps, nous avons commencé à construire un petit village dans la périphérie de Sosua, où les familles à qui j'avais rendu visite ce jour-là vivent désormais. Le village s'appelle Villa Maranatha.

Le pasteur Reyes Peña (c'était son nom), ainsi que les familles qui ont bénéficié de ces maisons, n'ont jamais cessé de remercier le Seigneur pour Sa providence. Le village fut inauguré en janvier 1990. Dans l'auditoire se tenaient tous les croyants de la région, le maire ainsi que les autorités civiles et militaires. Le pasteur Alberico De Vito, alors Surintendant de l'Église Pentecôtiste Italienne du Canada, était également présent avec un groupe de croyants canadiens. Il a participé à l'inauguration du village Maranatha et a prié pour ceux qui vivaient toujours dans la misère, afin que l'œuvre de salut pour les habitants de cette région se propage.

Pendant l'inauguration, le pasteur Peña a raconté que plusieurs années plus tôt, alors qu'un groupe de fidèles priaient Dieu de les délivrer miraculeusement de leurs conditions de vie misérables, quelqu'un avait eu une vision : il avait vu que Dieu enverrait une personne venant d'un pays lointain, où il y avait beaucoup de neige, pour les aider. Quand la communauté a eu connaissance de cette vision, ils ont loué le Seigneur et ont persévéré dans la prière, attendant patiemment que la prophétie se réalise. Le pasteur a dit qu'à partir du moment où il m'avait rencontré, il avait senti que la promesse de Dieu pour les gens de Sosua allait s'accomplir. À vrai dire, je pensais en moi-même que Dieu enverrait quelqu'un d'autre, car ce que j'avais apporté était infime comparé aux besoins réels. Mais quand je considère tout ce qui s'est passé depuis ce mois de janvier 1990, je ne peux pas nier que Dieu a vraiment répondu aux prières de nos frères de la région de Sosua.

Quand je suis revenu de la République dominicaine, notre pasteur Daniel Ippolito m'a demandé de rendre témoignage de notre travail à Sosua, et il a ensuite vivement encouragé la communauté à faire quelque chose pour faire avancer cette cause.

Ce jour-là, plusieurs frères et sœurs se sont engagés à apporter une contribution de trois milles dollars pour la construction d'une maison. Quelques classes d'école du dimanche se sont aussi engagées à donner la somme nécessaire pour la construction d'une autre maison. Suite aux encouragements du pasteur De Vito, j'ai visité d'autres églises et j'ai parlé de la mission pour les pauvres gens de Sosua. Et là aussi, beaucoup de gens se sont sentis interpellés et se sont engagés financièrement pour la construction d'une maison.

C'est ainsi que nous avons construit le second village, Villa Béthanie. Il est composé de quarante-deux maisons où aujourd'hui, le même nombre de familles louent le Seigneur pour Sa grande bienveillance. Ces familles prient continuellement pour ces inconnus "venant d'un lointain pays" qui les ont aidées.

D'autres dons ont commencé à arriver spontanément du Canada, des États-Unis et d'Italie. Ces dons provenaient de particuliers et d'églises désireux de financer la construction d'autres maisons, pour aider encore plus de familles. Un autre chèque couvrant les frais de construction pour trois maisons nous avait été remis par les assemblées italiennes en Europe.

C'est avec joie que nous avons inauguré la construction des nouvelles maisons et des villages, et en ces occasions, nous avons eu le plaisir de recevoir des groupes de visiteurs venant du Canada, d'Italie et de Belgique. Lors d'un voyage en Australie, j'ai eu l'occasion de visiter plusieurs églises. De nombreuses personnes avaient entendu parler de nos pauvres frères en République dominicaine. Elles étaient émues de compassion pour eux ; c'est pourquoi, en plus de leurs prières, elles ont fait des dons pour financer l'achat de matériel.

En Italie aussi, les nouvelles ont eu un effet considérable. J'ai pu visiter plusieurs églises italiennes, suite à l'invitation de pasteurs que je connaissais depuis des années. J'ai été étonné de voir tout l'amour et toute la dévotion manifestés par les membres de ces églises, qui me supplièrent d'accepter la somme correspondant à la construction d'une maison pour l'une de ces pauvres familles.

La plupart des maisons ont été financées par des particuliers, bien que certaines aient été payées par des églises. Certaines églises ont même pourvu à la construction de sept maisons.

Suite à un voyage en Belgique, où le Seigneur m'a accordé le privilège de passer dans plusieurs églises pentecôtistes, j'ai reçu assez de dons de la part des églises et des particuliers, pour construire d'autres maisons. Grâce à ces dons – que toute la gloire soit rendue à Dieu – nous avons construit et inauguré le troisième village, "Villa Emmanuel", avec quarante-quatre maisons assignées à autant de familles pauvres. Avec l'aide de Dieu, un quatrième village, nommé "Villa Trinité", a été inauguré en mars 1997. Dans ce village, la majorité des bénéficiaires étaient des réfugiés haïtiens. Ils étaient les victimes d'un immense incendie qui avait détruit soixante-dix maisons faites de branchages et de feuilles.

Depuis le mois de janvier 1990 et durant toutes les années qui lui ont succédé, les frères dans la foi se sont impliqués de tout leur cœur dans l'évangélisation des nombreuses âmes qui venaient à Christ pour recevoir le salut qu'Il leur offrait. Ils étaient pleins de reconnaissance pour toute l'aide que Dieu nous avait apportée. La petite église qui existait quand je suis arrivé a grandi rapidement, et maintenant, il y a sept congrégations dans un rayon de quinze kilomètres. Elles se rassemblent quotidiennement et elles sont dirigées par d'authentiques hommes de Dieu. Les effectifs des différents groupes sont plus ou moins importants, mais l'église principale compte tout de même plus de quatre cents paroissiens.

La nécessité de construire des lieux de culte pour que ces nouveaux groupes se rassemblent me paraissait évidente. Mais malgré cela, je me disais que ce n'était pas ma responsabilité : ma mission était de pourvoir à des maisons pour les pauvres. Cependant, Dieu est intervenu à plusieurs reprises de façon miraculeuse et Il a pourvu aux moyens financiers pour construire des lieux de culte, rendant ainsi gloire à Son nom.

Par exemple, après une visite de la région, le pasteur d'une église de Toronto s'est engagé à construire un lieu de culte dans la région de Montellano, à quinze kilomètres de Sosua. Aujourd'hui, beaucoup de paroissiens se rassemblent dans cette église, louant Dieu pour la façon dont il a pourvu à leurs besoins.

Un pasteur de Sicile que je n'avais jamais rencontré a envoyé un don de plus de trois millions de Lires de la part de son église. Quand je lui ai demandé ce qui l'avait poussé à faire cela, il m'a répondu que bien qu'il ne m'ait jamais rencontré, il avait entendu parler de notre travail ; et il souhaitait que l'argent soit utilisé pour nos besoins les plus urgents. Un autre pasteur de la région du Lazio en Italie, qui avait assisté à une des inaugurations, a envoyé un don conséquent pour la construction d'une grande église de plus de quatre cent places à "Villa Maranatha".

Ensuite, nous avons eu une autre grande surprise. Un des nombreux groupes qui nous avait rendu visite quelques années auparavant, avait pris conscience de nos besoins quant à la construction de lieux de rassemblement pour les croyants. Ce groupe a alors fait une donation spéciale, ce qui nous a permis de construire le troisième lieu de culte à Passo Valente. En janvier 1996, nous avons eu le plaisir d'inaugurer une jolie petite église construite dans ce village haïtien qui avait été en majeure partie détruit par un incendie. Au total, jusqu'à ce jour, six beaux lieux de culte ont été construits pour la gloire de Dieu. L'Évangile y est prêché quotidiennement ; des hommes et des femmes se tournent vers Dieu, et obtiennent le salut éternel de leur âme.

Plus récemment, grâce à une donation généreuse des Dorcas (une association italienne de dames chrétiennes), qui avaient pris à cœur la cause des frères et le reste de la population de Sosua, nous avons ouvert un centre médical chrétien pour apporter une assistance médicale à ceux qui sont le plus dans le besoin. Deux médecins dominicains offrent de leur temps pour travailler à la clinique. Cette nouvelle initiative n'en est qu'à ses débuts, et de nombreuses choses sont encore nécessaires pour que nous puissions mieux venir en aide aux infirmes. Mais nous souhaitons aussi et surtout venir en aide aux enfants, car ils ont un besoin urgent de suivi médical. À cette fin, une clinique est en cours de construction à côté du centre médical. L'Italie nous a promis une ambulance, et le Canada a promis de pourvoir à plusieurs équipements. En mars 1997, le centre médical a officiellement été inauguré.

Lorsque je songe à tout ce qui s'est passé depuis ma première visite en République dominicaine, je n'arrive toujours pas à comprendre comment tant de choses ont pu arriver ! Et dire que nous n'étions venus que pour profiter d'une des plus belles plages des Caraïbes... Voici comment de simples vacances se sont transformées en une grande mission pour Dieu. Environ deux cents maisons ont été construites et accueillent maintenant autant de familles. Des centaines d'âmes ont été sauvées, sept nouvelles congrégations ont vu le jour et six lieux de culte ont été construits. De plus, seul le Seigneur sait combien de gens à travers le monde ont été touchés par l'amour que les croyants leur ont manifesté.

Je serais tellement heureux que de nombreux autres frères dans la foi viennent en République dominicaine, et qu'ils y voient de leurs propres yeux l'œuvre glorieuse du Seigneur. En plus de profiter de vacances inoubliables dans ce paradis terrestre, ils auraient l'opportunité de rencontrer des âmes véritablement consacrées à Dieu, et ils verraient le zèle avec lequel ces gens Le servent et L'adorent.

Le Village Rédemption

Dans le courant du mois de mars 1997, alors que nous étions occupés par diverses activités et préparatifs, je me suis mis à réfléchir au fait qu'il était peut-être temps pour nous de mettre fin à notre engagement vis-à-vis de la mission en République dominicaine. Je me disais : "J'ai soixante-six ans. J'ai eu une vie très occupée, alors maintenant je devrais peut-être me reposer un peu et consacrer plus de temps à ma famille, et en particulier à mes petits-enfants". J'en ai parlé avec mon épouse, et nous avons décidé de continuer à apporter notre aide au niveau du centre médical, ainsi que de visiter la mission de temps à autre, mais de mettre fin à notre rôle de responsable dans le projet.

J'attendais que le groupe de visiteurs qui était là s'en aille, après quoi je pensais annoncer officiellement notre décision ; mais à la nuit tombante, toute une foule d'habitants est venue me voir. Je connaissais certains d'entre eux parce qu'ils faisaient partie des réfugiés haïtiens qui vivaient dans un village auquel nous rendions souvent visite, pour venir en aide aux pauvres gens. Leurs visages maussades et les larmes qui coulaient sur les joues de certains ne présageaient rien de bon. Et en effet, ils m'ont raconté que le propriétaire du terrain sur lequel leur village se trouvait, les avait accusés d'occuper son terrain de façon abusive, et sous la menace de les faire arrêter, il les avait cités à comparaître au tribunal de la capitale, Santo Domingo. Jusqu'ici, eux comme moi pensions que le terrain était la propriété de la municipalité. Mais après plusieurs années, les propriétaires légitimes réapparurent soudainement avec la ferme intention d'en expulser les habitants.

Ils étaient dans une grande détresse : ils ne savaient pas comment se défendre et ils n'avaient pas même les moyens de se rendre à Santo Domingo pour le faire. Ils étaient terrifiés à l'idée de quitter leurs misérables cabanes et de retourner vivre dans la rue. Ces pauvres gens avaient déjà fait face à de gros coups durs en fuyant leur pays, Haïti, à cause de la guerre civile et de la famine. De plus, en tant que réfugiés ils avaient enduré toutes sortes de discriminations et de privations, parce qu'ils se retrouvaient dans un pays tout aussi pauvre que le leur. Au prix d'énormes sacrifices, ils avaient réussi à construire leurs taudis sur une terre que l'on pensait appartenir à la municipalité pour, au final, être dans l'illégalité. Ils arrivaient à peine à gagner le minimum vital pour survivre. Maintenant, ils se retrouvaient à nouveau confrontés à la perspective de devoir tout quitter, pour tout recommencer !

Rien ne pouvait les consoler. Nous avons prié le Seigneur pour qu'Il accomplisse un miracle, mais nous n'avions aucune idée de la manière dont Il pouvait raisonnablement les aider. Ils sont repartis le cœur lourd et j'entendais quelques-uns d'entre eux dire : "Je ne déménagerai pas ; je préfère qu'ils viennent et qu'ils me tuent. Je ne saurais même pas où aller !"

La nuit qui suivit a pour moi été une véritable nuit de combat. Je n'arrivais pas à m'endormir. Je réfléchissais pour trouver une solution, mais en vain. J'ai essayé de me convaincre que ce n'était pas ma responsabilité, que j'avais déjà beaucoup fait pour aider de nombreuses familles dans ce même village. Mais cela ne m'aidait pas à trouver le sommeil. Comment pouvais-je ignorer les appels au secours désespérés de ces pauvres gens ? J'ai finalement décidé d'étudier la situation plus en profondeur le lendemain, pour essayer de trouver un moyen de soulager la souffrance de ces gens. Ce n'est qu'à partir de ce moment là que j'ai réussi à m'endormir.

Le lendemain, j'ai commencé par examiner les éléments du dossier. Suite à cela, j'ai décidé de rencontrer les avocats du propriétaire. J'ai essayé de défendre la cause de ces pauvres haïtiens, en mettant en avant le fait que ces gens allaient se retrouver sans aucune solution de repli, et je les ai priés d'abandonner leurs revendications. Ils ont répondu qu'ils ne faisaient que leur travail d'avocat.

J'ai poursuivi en leur faisant part de mon intention d'intervenir en leur nom, et d'engager un bon avocat pour les défendre. J'ai même dit que j'étais convaincu qu'après toutes ces années, les propriétaires ne pouvaient pas expulser les deux cents familles qui occupaient le terrain ! Mais les avocats ont insisté et m'ont assuré que la loi était en faveur des propriétaires. Alors je leur ai demandé de me mettre en contact avec les propriétaires, dans l'espoir de trouver une solution en parlant directement avec eux. Les propriétaires n'étaient pas disposés à céder, mais lorsque je leur ai dit que j'étais prêt à engager le meilleur avocat pour défendre ces pauvres gens, ils m'ont proposé d'utiliser cet argent pour acheter une partie de leur terrain, soit la portion occupée par les Haïtiens. Nous avons discuté de cette possibilité pendant un bon moment, et après des négociations intenses, je les ai convaincus de nous vendre le terrain dans sa totalité à un très bas prix.

Je suis convaincu que c'est le Seigneur qui a touché le cœur de ces propriétaires, et qui les a rendus favorables à cette proposition. Avec six mille dollars, nous avons donc pu acquérir le terrain sur lequel deux cents familles vivaient dans des huttes empilées les unes à côté des autres. Il n'y avait aucune commodité, aucune installation, même pas les plus basiques, aucune école pour accueillir les enfants. Mais ils avaient au moins une plaque de métal en guise de toit pour les protéger des intempéries, et un endroit où ils pouvaient abriter leurs familles !

Le lendemain de l'achat du terrain, j'ai organisé une réunion où j'ai eu le plaisir d'annoncer à tous qu'avec l'aide de Dieu, nous avions réussi à racheter leur terrain, et que nous allions le mettre à la disposition de chaque famille qui y résidait. Il y a eu un long soupir de soulagement et beaucoup louèrent Dieu pour ce miracle, les larmes plein les yeux. Puis spontanément, ils se sont tous mis à acclamer Dieu de leurs mains, et les larmes se sont transformées en cris de joie. Nous avons profité de cette opportunité pour annoncer l'Évangile, pour prier afin que la grâce de Dieu agisse, et pour exprimer notre foi dans le fait qu'Il allait travailler d'une manière merveilleuse dans leurs cœurs. En repensant à ce qui s'était passé, je me suis dit qu'il y avait eu une véritable "rédemption", semblable à celle opérée par le Christ pour nous. Il y a de nombreuses années de cela, Christ avait payé au prix de Son sang notre dette pour nous racheter à Satan qui nous tenait esclaves, et pour nous rendre notre liberté. Dans cette situation, le Seigneur nous avait fait la grâce d'acquérir le terrain et ensuite de le donner aux pauvres Haïtiens qui, en un certain sens, étaient esclaves et sans issue. Ils avaient littéralement été "rachetés". Ceci nous a amenés à donner un nouveau nom au village, et aujourd'hui, il est connu sous le nom du "Village Rédemption".

Dès que la nouvelle de ce nouveau miracle s'est répandue, d'autres cœurs ont été touchés parmi les chrétiens. Nous avons alors reçu des dons pour construire les dix premières maisons qui allaient améliorer les conditions de vie des familles qui vivaient dans le Village Rédemption. C'est ainsi que nos plans ont été modifiés, et nous en avons conclu que le Seigneur voulait que nous continuions ce travail pour quelque temps encore. Comme toujours, nous avons obéi, car notre désir est de répondre fidèlement à l'appel divin. Au moment où ce livre est en voie d'impression, plus de 50 maisons ont été construites dans ce village.

Nous vous invitons à nous aider en priant pour ces familles, de façon à ce que le Seigneur sauve leurs âmes, mais aussi en les soutenant dans leurs besoins. Et priez aussi pour nous, afin qu'Il nous donne la force et la sagesse nécessaires pour être des instruments d'amour au service de Jésus-Christ.

Deux objections

Pendant toute cette période, j'ai fréquemment rencontré deux types d'objections :

1) On m'a dit : "Le Seigneur nous a ordonné de prêcher l'Évangile, et non de faire du social."

À cette objection, je réponds avec les versets que l'on peut lire dans Matthieu 28/19-20, où Jésus donne à Ses disciples ce commandement : *"Allez, faites de toutes les nations des disciples, baptisez-les au nom du Père, du Fils et du Saint-Esprit, et enseignez-leur à garder tout ce que je vous ai prescrit (...)"* Autrement dit, notre mission ne se borne pas seulement à enseigner que c'est par le moyen de la foi que nous obtenons le salut. Il nous faut aussi parler du besoin de vivre, dès la conversion, une vie sanctifiée qui porte du fruit pour la gloire de Dieu, ainsi que de la responsabilité qu'ont les chrétiens d'aimer leur prochain comme eux-mêmes, et de venir en aide à ceux qui sont dans le besoin.

2) D'autres disent encore : "C'est bien d'aider les pauvres en leur donnant quelque chose à manger, à boire, ou de quoi se vêtir... mais de là à aller leur construire une maison !"

À ces gens, je réponds qu'avec dix mille dollars, il est possible de pourvoir à la nourriture et aux vêtements d'environ vingt personnes pendant à peu près trois ans. Mais la même somme d'argent permet de construire trois modestes maisons pour trois familles pauvres comptant environ vingt membres, les sortant ainsi de la boue et du ghetto dans lesquels elles vivent, en les installant dans un endroit décent, près d'autres chrétiens. De plus, économiser les coûts de location et d'entretien de leurs masures leur permet d'être autonomes pendant plusieurs années.

Dans tous les cas, l'essentiel n'est pas la méthode adoptée. Le plus important, face à la souffrance d'autrui, c'est de manifester de la compassion envers ceux qui sont dans le besoin en les aidant au nom du Seigneur. En faisant cela, nous serons un témoignage vivant de l'amour de Jésus et du salut éternel qu'Il nous a acquis au prix de Son sang.

En continuant cette mission, j'aiderai peut-être encore des centaines d'autres familles. Mais en écrivant et en racontant ce que le Seigneur a mis sur mon cœur, et qui m'a été confirmé par Sa Parole, j'espère encourager des milliers de croyants à prendre part à ce service.

Avant le retour prochain du Seigneur, j'espère que beaucoup sentiront dans leur cœur un appel pour se joindre à ce travail en faveur des pauvres dans le monde.

Le célèbre rabbin Maimonide a fait une liste de huit manières différentes d'accomplir des œuvres empreintes de charité, des "zedakah", classées de la moins à la plus méritoire :

1) donner, mais involontairement ;
2) donner moins que ce qui est nécessaire, mais volontairement ;
3) donner quand on nous le demande ;
4) donner sans qu'on nous l'ait demandé ;
5) donner sans connaître la personne qui bénéficiera du don ;
6) donner de façon à ce que le bénéficiaire ne sache pas qui est l'auteur du don ;
7) donner de façon à ce que ni le donateur, ni le bénéficiaire du don ne sache qui est l'autre ;
8) donner de manière à émanciper les pauvres.

La forme la plus méritante de la charité, selon Maimonide, n'est pas dans l'aumône en elle-même, mais bien dans le fait d'aider les pauvres à se libérer du lien de la pauvreté : en leur prêtant de l'argent, en faisant d'eux nos partenaires, ou en leur procurant un travail adéquat de façon à ce qu'ils puissent atteindre les résultats espérés, sans se sentir humiliés.

Chapitre 13 Addendum

Dix années se sont écoulées depuis la première publication de ce livre. Nos projets de retraite en Floride ont été abandonnés. Comme nous nous y attendions, notre mission a continué, avec l'aide du Seigneur, et bien d'autres "prochains" ont eu besoin de notre aide.

Nous ne pouvions pas laisser le village de la Rédemption inachevé, alors nous avons continué à bâtir jusqu'à ce que le village soit terminé. Cela nous a pris environ quatre années. Nous avons travaillé continuellement, et Dieu a pourvu ! Beaucoup d'églises, de particuliers et de familles ont rejoint notre travail. Tous ensemble, nous avons rassemblé des fonds pour construire des maisons pour ces nombreuses familles pauvres en attente d'un toit au-dessus de leur tête. Cent soixante-trois familles se sont ainsi installées dans le nouveau village. Une nouvelle église y a été construite, pour remplacer celle qui avait été détruite par l'incendie. Nous avons pris conscience du besoin de construction d'une école dans la région, car il n'y en avait aucune aux alentours. Pour ce faire, j'ai pu obtenir une subvention du CIDA, une agence gouvernementale canadienne. Nous avons également acheté tout le mobilier pour l'école, grâce à des dons provenant des écoles de Toronto.

Après avoir construit le bâtiment, nous avons réalisé que nous avions besoin d'une équipe qualifiée pour diriger l'école et parrainer les enfants. Nous avons été vraiment heureux lorsque nous avons appris que le pasteur George De Tellis, de la New Mission, était prêt à déménager en République dominicaine pour prendre l'école en charge. Lui et son équipe ont pourvu aux finances et à la gestion de l'établissement, faisant ainsi de l'école une réalisation à la gloire de Dieu. Nous avons pourvu à un terrain de jeux pour les plus jeunes enfants du village, ainsi qu'à un terrain de basketball pour les plus grands.

En 2002, nous avions presque terminé la construction des dernières maisons du village, nous permettant ainsi de prendre en charge 163 familles inscrites sur notre liste d'attente. C'est à cette époque que Jana Amelingmeyer des Dominican Crossroads Ministries est venue à ma rencontre. Elle voulait faire un don important pour la construction d'une deuxième église dans le village, qui servirait aux nombreuses familles haïtiennes habitant la région, car ces familles ne comprenaient pas la langue espagnole. Nous avons également reçu gratuitement des matériaux de construction et en un rien de temps, grâce à des dizaines de volontaires locaux et d'un groupe venu de Brantford (dans l'Ontario, au Canada), une église toute neuve a été érigée et dédiée à la gloire de Dieu.

Lena et moi avons alors commencé à faire nos préparatifs pour retourner chez nous, en Floride, pour profiter de notre retraite. Mais lorsque cette nouvelle s'est répandue, Jana est venue nous voir. Elle a insisté pour que nous restions et que nous continuions notre ministère d'assistance auprès des pauvres ; son équipe était prête à nous aider pour la gestion quotidienne de la mission, et nous n'aurions qu'à diriger et superviser l'ensemble.

Elle a fait valoir qu'avec notre expérience et nos relations, nous pourrions encore avec leur contribution accomplir de grandes choses pour le Seigneur. Après une longue réflexion et bien des prières, nous avons accepté de remettre à plus tard nos projets de retraite pour travailler ensemble à la construction d'un village supplémentaire.

Par la suite, nous avons rencontré Don Juan Paliza, l'honorable Consul d'Espagne, qui se trouvait être un riche propriétaire. Avec son aide, nous avons pu trouver et louer une parcelle de terre sur laquelle construire le nouveau village, dans une région appelée Caraballo, dans la ville de Montellano. Nous avons acquis environ dix hectares de terrain et avons immédiatement commencé à construire le Village de l'Ascension.

Les travaux ont débuté en janvier 2003. Avec l'appui d'un groupe faisant partie de l'organisation Mercy Ships, les premières maisons ont été construites. Cependant, nous avions besoin d'eau pour la construction de ce village, et il n'y en avait apparemment pas sur le terrain. Nous étions donc sur le point d'en amener par camion-citerne, quand quelqu'un a remarqué qu'il y avait un endroit de la parcelle qui semblait humide. Nous avons creusé un trou d'un mètre de profondeur, et à notre grand étonnement, le trou s'est rempli d'eau ; il continuait même à se remplir au fur et à mesure que nous puisions ce dont nous avions besoin pour la construction. Nous avions trouvé une source et nous avions assez d'eau potable non seulement pour la construction, mais aussi pour les 100 premières familles qui se sont installées dans le village. Par la suite, il nous a fallu construire un oléoduc d'un mètre soixante de diamètre pour établir une connexion entre l'usine de filtration d'eau de la ville et notre village. Nous avons ensuite construit deux réservoirs d'eau de 90 000 litres chacun, pour procurer de l'eau potable au village tout entier.

Un jour, alors que je travaillais près du village, quelqu'un s'est approché de moi et s'est présenté. Il s'appelait Steve Coetzee et faisait partie de l'organisation nommée Life Outreach International. Il voulait en savoir plus sur le village et sur ce que j'y faisais. J'ai senti que Dieu l'avait envoyé dans un but bien précis. Suite à cette rencontre, nous sommes restés en contact et Steve a soutenu notre mission en finançant la construction de plusieurs puits dans des régions où les habitants manquaient d'eau. Plus tard, une équipe de télévision de l'organisation Life Outreach nous a rendu visite, pour devenir nos partenaires en apportant les fonds nécessaires à la construction de 80 maisons pour les personnes dans le besoin.

Dieu avait ouvert les écluses des cieux pour nous bénir, nous et les pauvres de Caraballo... Nous étions stupéfaits ! Des dizaines de personnes de tous horizons sont venues sponsoriser la construction de maisons, pour des centaines de familles en difficulté. D'autres encore, comme Mercy Ships, Mission Direct en Angleterre, les groupes de Judy Warrington en Ontario, et plusieurs groupes Rotary du Canada, sont devenus nos partenaires pour la construction d'une église, d'un centre social missionnaire avec cabinet de médecin, d'une pharmacie et d'une résidence pour les bénévoles. Avec toute l'aide obtenue, nous avons ainsi pu construire au village un atelier de menuiserie pour fabriquer nos propres portes et fenêtres, mais aussi pour former les habitants du village aux métiers du bois. Nous avons aussi bâti un atelier pour former ceux qui étaient intéressés par les travaux manuels, pour qu'ils puissent ensuite vendre leurs réalisations aux touristes. Nous avons encore construit plusieurs petites boutiques à la tête desquelles nous avons mis plusieurs familles, pour qu'elles gèrent elles-mêmes ces commerces. Nous avons encore eu la surprise de voir les donateurs pourvoir pour un terrain de football, un court de basket et un terrain de jeux. Et au moment où j'écris, Dominican Crossroads a reçu les fonds nécessaires pour construire un centre communautaire disposant d'une médiathèque, où l'on dispense des formations à l'informatique.

Le docteur Park, chirurgien d'origine américano-sud coréenne, a visité le village et a décidé de sponsoriser la construction d'une école. Un accord a été depuis passé avec une organisation chrétienne internationale très connue, Kids Alive, qui assure maintenant le fonctionnement de l'école.

Chaque famille a reçu un bout de terrain pour y cultiver des légumes. Le village a maintenant sa propre gouvernance, responsable de la gestion du village, sous la direction de l'organisation Dominican Crossroads avec Jana, son mari (le Dr. Bob), et leur équipe missionnaire.

Quand les groupes extérieurs sont venus faire les travaux au village de l'Ascension, nous en avons profité pour visiter d'autres villages très pauvres. Nous leur avons apporté des médicaments, de la nourriture, des vêtements et bien d'autres choses de la part de nos partenaires.

Un groupe de l'organisation Mission Direct a rendu visite au village de Los Algodones, où deux cents familles très pauvres vivent dans des conditions inhumaines. Aucun enfant n'était scolarisé. Ils ont donc décidé de rassembler l'argent nécessaire à la construction d'une école dans le village. Il n'y avait pas non plus d'eau courante : pour en avoir un seau, les villageois devaient l'acheter à un camion-citerne, et comme ils n'avaient pratiquement pas d'argent, ils n'en achetaient que le strict minimum.

Nous nous sommes entendus pour trouver un moyen d'apporter de l'eau potable à ce village, tandis que de leur côté, ils feraient de leur mieux pour pourvoir au financement de l'école.

En réfléchissant au moyen d'apporter de l'eau au village, nous avons vite réalisé qu'il nous faudrait un miracle ! En effet, le principal point d'alimentation en eau de Puerto Plata étant situé à plus d'un kilomètre du village, nous avions besoin d'une autorisation du département de l'eau pour effectuer un branchement. Or nous avons vite compris que les autorités ne voulaient pas nous l'accorder. Nous avons alors cherché à surmonter ces obstacles de différentes manières, mais en vain. Après plusieurs tentatives infructueuses, nous avons remis ce problème entre les mains de Dieu et en avons fait un sujet de prière.

Plusieurs mois plus tard, j'ai reçu un appel téléphonique d'un cher ami, Don Juan Paliza, qui voulait que je rencontre un de ses amis. Il m'a ainsi présenté au docteur Umbert Hart, un chirurgien chrétien à la retraite qui était intéressé par notre mission. Je l'ai donc emmené faire une visite. Lorsque nous sommes arrivés à Los Algodones, je lui ai dit que nous voulions construire une école, mais que nous n'arrivions pas à obtenir la permission d'apporter l'eau courante au village. Il m'a assuré qu'il ferait tout ce qui était en son pouvoir pour obtenir cette autorisation. Gloire à Dieu ! Quelques jours plus tard, la permission nous était accordée.

Ce fut un vrai miracle ! Nous avons obtenu cette autorisation, et Dieu a pourvu au financement ; nous avons rassemblé plus de 40 000 $ qui nous ont permis de raccorder le village à la ville principale, de construire un réservoir d'équilibre de 30 000 litres, d'installer une pompe d'une puissance de 5 chevaux, d'installer un oléoduc d'un kilomètre et demi de long, et de construire un réservoir d'eau de 90 000 litres. Tout ceci en moins d'un mois ! Quelle grâce ! Les villageois sont sortis de chez eux pour s'asperger avec l'eau qui jaillissait du tuyau.

Pendant ce temps, les représentants de Mission Direct de retour en Angleterre, rassemblaient 90 000 $ pour acheter du terrain près du village en vue d'y construire une école. Quand je repense à la série d'événements qui se sont succédé, je suis émerveillé par les voies de Dieu... Il envoie vers nous des frères et sœurs dans la foi venant du Royaume-Uni ; Dieu touche leur cœur et leur montre Son amour pour les pauvres ; un défi est mis devant nous pour aider le village à obtenir de l'eau ; et Dieu intervient au moment où nous avions perdu tout espoir... en nous envoyant un autre de Ses enfants, le Dr. Hart ; Il touche ensuite le cœur de ceux qui ont le pouvoir de nous donner les autorisations nécessaires ; et Il continue Son action en nous donnant l'argent dont nous avions besoin pour ce projet ! Alléluia ! Un autre serviteur de Dieu (Ben Sawatzky) s'ajoute à cette histoire. Il entend parler de notre besoin de construire un réservoir de 90 000 litres pour procurer de l'eau potable aux villageois, et immédiatement, il nous donne les fonds nécessaires et envoie ses ouvriers pour participer à la construction du réservoir. Et ce n'est pas tout ! C'est la fondation de Ben qui nous fournit tout le bois de construction nécessaire pour les fenêtres, les portes et les toitures des centaines de maisons que nous construisons pour les pauvres !

Nous avons renommé le village d'Algodones : il s'appelle maintenant "Villa Esperanza"(La Ville de l'Espoir), car nous espérons toujours que Dieu accomplira un autre miracle et nous aidera à obtenir le permis de construire un autre village pour les pauvres à Algodones. Le Ministère du Tourisme a refusé de nous donner l'autorisation de construire ce village, soi-disant parce qu'ils ont d'autres projets de développement dans la région, pour des maisons de luxe. Pour maintenir nos projets en vigueur, je leur ai demandé qu'ils nous permettent de construire une église, une école et un centre médical, ce qu'ils ont accepté. Nous voulons aider les pauvres de cette région, d'abord en leur amenant l'eau potable, puis en apportant une scolarisation à leurs enfants. Nous les aidons dans leurs problèmes de santé, et nous prenons également soin de leurs besoins spirituels.

L'école a été bâtie, et Dieu a pourvu au financement pour qu'elle soit opérationnelle au plus vite. L'école est maintenant ouverte ! Nous avons une équipe d'enseignants chrétiens dévoués qui enseignent plus de 100 enfants, et beaucoup d'autres viendront les rejoindre.

Le centre médical a aussi été construit avec l'aide d'un groupe venant de l'Ontario (le groupe Journey 2008). Une cinquantaine d'adultes sont venus nous aider à construire ce centre médical. Ils ont pourvu à toutes les finances et ont fait bien d'autres belles choses pour améliorer la vie des pauvres du village. Quel soulagement pour les villageois de savoir qu'ils peuvent trouver de l'aide auprès d'un couple missionnaire résidant dans le village, comme auprès d'un docteur et d'une infirmière. Nous sommes reconnaissants à Dieu de nous avoir envoyé des personnes dévouées par l'intermédiaire d'IN Networks. Ils ont accepté de prendre la responsabilité de financer et gérer ces missions.

Plus récemment, nous avons commencé à construire l'église. Dieu envoie des gens de partout pour nous aider, que ce soit sur le plan financier ou pour les travaux de construction. Les murs de l'église sont montés et le toit sera posé d'ici deux semaines. Je suis impatient de voir ce jour où pour la première fois, ce lieu sera rempli de chrétiens élevant leurs voix vers Dieu, pleins de reconnaissance pour Celui qui déverse sur nous toutes sortes de bénédictions !

En attendant d'obtenir le permis de construire des maisons à Villa Esperanza, nous avons recherché d'autres terrains dans la région de Sosua pour commencer à y construire le village numéro 7, Villa Nazareth. Aujourd'hui, la renommée de Samaritan Foundation s'est répandue au loin et des dizaines de personnes nous ont contactés pour nous rejoindre dans ce service pour Dieu. Ils sont venus de Belgique, d'Angleterre, du Canada et des États-Unis. Des jeunes gens, des adultes, des seniors et même des enfants ! Ils ont apporté de l'argent, des cadeaux, des médicaments ! En un rien de temps, un nouveau village de 100 maisons a été construit et 100 nouvelles familles ont quitté leurs taudis pour s'installer dans des maisons décentes, dans un environnement salubre. Deux groupes d'église de l'Ontario sont venus avec l'argent nécessaire, et ils nous ont aidés à construire un magnifique centre médical qui est maintenant géré par un couple missionnaire venant de l'Est du Canada. Un autre couple venant des États-Unis a choisi de construire une école dans le village de Nazareth ; ce sont eux qui financent et dirigent l'école.

Ce même village avait besoin d'électricité et d'eau potable. Nous sommes reconnaissants aux personnes du Rotary Club, en Ontario, ainsi qu'à d'autres, d'avoir pourvu à ces besoins.

Il existe encore des centaines d'autres familles très pauvres qui attendent d'être aidées, et des dizaines de personnes désireuses de nous aider. Il nous a donc fallu chercher un autre terrain où construire notre neuvième village. Nous avons trouvé une propriété d'une dizaine d'hectares à Loma Bajita, dans la région de Sosua. Mais nous n'avions pas les 150 000 $ nécessaires pour l'acheter.

Plus le temps passait, plus nous étions inquiets car nous allions devoir refuser les nombreuses propositions d'aide que nous recevions. Nous n'avions plus qu'à attendre que Dieu intervienne ! Attendre Son temps à Lui ! Dieu ne se trompe jamais ; il est toujours à l'heure. Allait-il nous faire obtenir le permis de construire dans le village Esperanza, ou allait-il nous donner les moyens d'acheter le terrain ? Ou que sais-je encore ?

Un des directeurs de notre Conseil d'Administration, Oni Miccolis, nous rendit visite en République dominicaine. Il avait reçu l'appel d'un pasteur retraité de l'Ontario, qui était en vacances dans un des hôtels de Puerto Plata, et qui l'avait invité à lui rendre visite. Parlant du ministère de la Samaritan Foundation, ce pasteur eut alors à cœur de présenter le frère Miccolis à un de ses amis qui séjournait dans le même hôtel, avec plusieurs de ses associés qui étaient des investisseurs. Cet homme s'est intéressé à notre travail et a demandé à visiter nos villages avec plusieurs de ses associés. J'ai loué un petit bus et nous les avons emmenés. Ils ont aussi tenu à visiter le terrain que nous voulions acquérir. Et à ce moment-là, Dieu a touché le cœur de cet homme, Archie Robertson, le président de Home Equity Investments Rewards Inc. Sans la moindre hésitation, il a promis de financer l'achat du terrain et il m'a donné immédiatement l'argent nécessaire au dépôt de garantie. Nous avons tous élevé nos voix et nos mains vers Dieu pour cette intervention on ne pouvait plus “providentielle”.

Nous avons acheté le terrain et la construction du village de Spruceland Paradise a pu démarrer immédiatement. Un groupe de Spruceland avec son président Ben Sawatsky, sa femme et sa fille, ont été les premiers à venir d'Edmonton, au Canada, pour aider à la construction.

Avec le bois de construction qu'on nous avait offert, ils ont installé les toitures, les fenêtres et les portes, puis coulé les sols en béton des vingt-quatre premières maisons. Quelle ne fut pas leur joie de pouvoir faire visiter ces maisons à vingt-quatre familles qui avaient longtemps attendu pour avoir un endroit décent où élever leurs enfants !

Nous avons maintenant des terrains qui nous appartiennent à Esperanza et à Paradise. Nous pourrons y construire plus de 400 maisons avec toutes les commodités, les églises, les écoles, les centres médicaux, etc.

Nous sommes confiants dans le Seigneur qui continuera à pourvoir en toutes circonstances. Ces deux dernières années, plusieurs couples missionnaires nous ont rejoints dans notre ministère. Ils pourvoient à la fois aux besoins physiques et aux besoins spirituels des habitants de ces villages. Robert et Tina travaillent principalement à Villa Redencion ; David et Sandy à Villa Esperanza ; Jim et Sue à Villa Ascension ; John et Donna, avec Kim et Josie, à Villa Nazareth ; et Robert et Kelly à Villa Maranatha. Ils servent Dieu en servant les pauvres.

Je suis également reconnaissant à Dieu pour John et Jane Huizinga, un couple très dévoué d'Hamilton, en Ontario. Ils sont maintenant avec nous depuis plus d'un an. Ils travaillent à nos côtés dans l'optique que Lena et moi-même puissions prendre notre retraite, avec la certitude que le ministère se poursuivra dans les meilleures conditions après nous.

John et Jane aiment Dieu, ils ont de l'amour pour les pauvres et les pauvres les aiment tout autant. Je suis persuadé que la "Fundacion El Samaritano" continuera à prospérer sous leur direction ; Lena et moi-même serons heureux de savoir que les gens verront l'amour de Dieu manifesté par Ses enfants, et que des âmes seront touchées par l'Évangile de notre Seigneur Jésus-Christ.

Comme je terminais ce chapitre, Dieu a accompli un autre miracle que je veux partager avec vous ! Il y a quelques semaines de cela, on m'a présenté Lucy, une missionnaire qui dirige un superbe orphelinat. Elle a entendu parler du travail de la Samaritan Foundation et a demandé à visiter nos villages. Lorsqu'elle a vu les grands besoins des habitants du village de Los Algodones et qu'elle a su que nous voulions leur construire des maisons, elle a été attristée d'apprendre que les autorités refusaient de nous donner le permis de construire dans cette région. Elle est revenue deux semaines plus tard accompagnée par un membre de son église, Freddy Veragoiko, une des personnalités télévisées les plus connues du pays. Nous avons à nouveau visité les villages et Freddy a été touché jusqu'aux larmes par la détresse des deux cents familles vivant dans les taudis de Los Algodones. Il ne pouvait pas croire qu'on nous ait refusé le permis de construire des logements pour ces gens désespérés ! Son cameraman avait filmé toute la visite, ce jour-là. Freddy m'a demandé de le rejoindre sur National TV : il voulait faire un appel à la nation tout entière pour m'aider à obtenir l'autorisation de construire le nouveau village d'Esperanza (qui signifie Espoir). En l'espace de deux semaines, le Ministère du Tourisme nous a fourni les permis requis, et béni soit le Seigneur, nous sommes actuellement en plein chantier ! Nous glorifions Son Nom pour toutes ces familles pauvres qui vont pouvoir être aidées, et pour les milliers de personnes qui ont été informées de ces choses.

Le Seigneur ne se trompe ni ne nous déçoit jamais ! Il est Le même hier, aujourd'hui et éternellement ! Lena et moi nous souviendrons toujours de la manière dont Sa main nous a guidés tout au long de ces années. Notre prière est que notre Dieu continue de guider ceux qui continueront ce travail de la "Fundacion El Samaritano", pour Sa gloire, en faveur des pauvres de ce pays.

Décembre 2008

Note de l'éditeur français

Cet ouvrage comportait dans sa version initiale un exposé des principes bibliques de l'aide au prochain. Cette partie fait l'objet d'un second ouvrage édité par nos soins et intitulé :

Le chrétien et son prochain (l'action sociale de l'Église)
par Elio Madonia

Elio et Lena Madonia
avec leurs huit fils et filles et leur conjoint

Elio et Lena Madonia avec leurs 22 petits enfants

17 novembre 1977,
Visite du député Giulio Andreotti

Juin 1978,
félicitations de
l'évangéliste
Billy Graham
durant la campagne
d'évangélisation
à Toronto
au Canada

Elio Madonia
avec la reine Elisabeth et le prince Philip

Avec le député William Davis, premier ministre de l'Ontario
et sa femme à l'aéroport de Palerme

Elio Madonia (fondateur), le président et William,
le surveillant de "Samaritan Fondation" dans le village d'Ascension

Le centre médical dans le village de Nazareth

Marche d'enfants de l'école de "Redencion village"

Le président de la République dominicaine, Hipolito Mejia, décore Elio Madonia de la médaille de "chevalier de l'ordre de Christophe Colomb"